Le non-progrès de l'Afrique

Points de vue
Collection dirigée par Denis Pryen

Dernières parutions

Fugain Dreyfus ENJEGANDEYO YEPOUSSA, *Plaidoyer pour la paix en Centrafrique* ,2016
Almamy Mamadou WANE, *La cuisine françafricaine. Quand le poétique rejoint le politique,* 2016.
Jean-Joseph ATANGANA, *Nelson Mandela, L'Étoile du Sud*, 2015
Blaise NSIMBA, *Marre d'être un Afrifaim !, Petit plaidoyer pour un complexe constructif*, 2015
A.O.T DIALLO, *La Guinée-Conakry de janvier 2007 à décembre 2010. Chronique et réflexions sur une transition militaire ratée*, 2015.
Joseph WOUAKO TCHALEU, *L'évolution actuelle du Cameroun*, 2015
Johnny Vianney BISSAKONOU, *L'autre version de la crise centrafricaine*, 2015.
Léonard MESSI, *Les sept péchés capitaux du régime de Biya*, 2015.
Karfa Sira DIALLO, *Sénégal-France, Mémoires d'Alternances inquiètes*, 2015
Moussa SANON, *Blaise Compaoré ou la fin non-glorieuse de « Monsieur Bons offices »*, 2015
Jacques SOM, *Non, l'Afrique Noire n'est pas maudite !*, 2015.
Mohamed AMARA, *Le Mali rêvé*, 2015.
Jérôme KABLAN BROU, *L'autre Côte d'Ivoire ou l'alter-émergence. Élections présidentielles 2015*, 2015.
Roger KAFFO FOUKOU, *Eduquer pour une mondialisation humaniste*, 2015.
Albert MOUTOUDOU, *L'hypothèse panafricaniste*, 2015.
Martin KUENGIENDA, *L'Afrique est-elle démocratisable ?, Constitution, sécurité et bonne gouvernance,* 2015.
SHANDA TONME, *Conflits d'éthiques et crises des relations internationales*, 2015.
Jules DJOSSOU, *Chroniques politiques béninoises. Autopsie d'une démocratie en berne*, 2014.
Jean-Bosco Germain ESAMBU MATENDA, *Conflits identitaires et enjeux économiques internationaux dans la région des Grands Lacs,* 2014.
Serge TCHAHA et Christophe DEGAULE, *Le lion's spirit,* 2014.
SHANDA TONME, *La presse en accusation. Soupçons sur un pouvoir au-dessus de tous les pouvoirs*, 2014.

Miki KASONGO

Le non-progrès de l'Afrique

Etude d'une responsabilité partagée

L'Harmattan

5-7, rue de l'Ecole-Polytechnique, 75005 Paris

www.harmattan.com
diffusion.harmattan@wanadoo.fr

ISBN : 978-2-343-09537-0
EAN : 9782343095370

Dédicace

A toutes les victimes de l'injustice sociale
et de l'instabilité politique en Afrique

Introduction générale

La situation actuelle de l'Afrique demeure inquiétante et donne à penser. La sous-alimentation chronique, le chômage structurel, les maladies, le manque d'infrastructures, les guerres, transforment en calvaire l'existence des populations. Celles-ci ne méritent désormais qu'assistance et pitié, comme si cela était leur destin. Sur le plan social et économique, l'Afrique vit une situation contradictoire parce qu'elle possède des richesses, alors que sa population vit dans une pauvreté extrême. On a l'impression mais aussi quelquefois la conviction que ce continent est dirigé, d'une part, par la cupidité de la classe politique et d'autre part par une politique étrangère qui ne vise que l'exploitation des ressources naturelles.

Parfois, l'instabilité des institutions montre que les dirigeants obéissent à une rationalité qui leur est dictée par le capital financier étranger, mais aussi par manque de volonté de leur part pour sauvegarder un cadre favorable au progrès. L'Afrique va mal. Pourquoi ce continent ne progresse-t-il pas, alors qu'il est providentiellement riche ? Pourquoi ce fatalisme ?

Si les Africains veulent le progrès économique, politique, social et humain, c'est à eux d'en payer le prix. Personne ne le fera à leur place. Ils ne l'obtiendront pas non plus à crédit. Voilà pourquoi cette situation contradictoire et confuse mérite d'être examinée.

En effet, pour montrer en quoi ce non-progrès relève d'une responsabilité partagée, nous commencerons par en analyser les causes. Elles sont à la fois exogènes et endogènes. Parmi les causes exogènes, il y a la conférence de Berlin, dont les conséquences sont sans précédent dans l'histoire et la géopolitique de l'Afrique. Les objectifs de cette conférence se perpétuent aujourd'hui sous des formes nouvelles comme la politique interventionniste et le néocolonialisme économique des multinationales. A ces causes exogènes, vient se greffer la Chine, nouveau partenaire économique, qui prétend traiter les contrats d'égal à égal avec les Africains. Ce rapport Chine-Afrique, est-ce une chance pour sortir l'Afrique de son lourd passé ou une illusion de progrès ? Cette question reste très préoccupante.

Cependant, pour ne pas déresponsabiliser les Africains dans la situation que traverse leur continent, il importe de souligner objectivement qu'ils sont eux aussi responsables de leurs malheurs. Parmi les causes endogènes, citons la corruption à tous les niveaux et le révisionnisme constitutionnel, qui déstabilise les institutions. Ces causes et beaucoup d'autres contribuent aux situations catastrophiques de l'Afrique. Pour sortir de cette structure permanente du non-progrès, il est nécessaire de repenser la question de la « responsabilité partagée ». Celle-ci ouvrirait les conditions de possibilité d'un avenir meilleur. Telle est la démarche que propose ce livre.

Chapitre I
La triple exigence du progrès

Le progrès, défini généralement comme amélioration des conditions de vie ou comme évolution, est lié à une triple exigence : ressources naturelles, créativité intelligente et cadre institutionnel favorable. Cela devrait l'être pour l'Afrique, car son progrès n'est pas uniquement lié à ses potentialités naturelles, aux richesses du sol, du sous-sol, de la faune et de la flore, mais doit aussi résulter d'une créativité intelligente et d'un cadre institutionnel favorable. Avant de développer cette hypothèse, il importe de s'accorder sur les concepts que nous employons : progrès, développement, créativité intelligente, cadre institutionnel.

Approche conceptuelle

En sciences humaines le terme de développement désigne l'amélioration des conditions de vie d'une population, d'une nation. On peut aussi interpréter le terme de développement comme un processus engendrant des transformations économiques, sociales et culturelles, qui, en retour permette aux gens de progresser à travers davantage d'opportunités pour atteindre leur potentiel.

Cette notion de développement peut être envisagée dans de multiples perspectives : croissance économique, développement culturel et intellectuel, en passant par des processus de justice sociale, de justice distributive et de réduction de la pauvreté. Dans un autre contexte, le développement renvoie toujours à l'organisation sociale servant de cadre au bien-être au bonheur de la personne humaine. Le développement se distingue bien de la croissance, car celle-ci mesure la richesse produite sur un territoire en une année ou en un mois. Elle est typiquement dans le quantitatif sur les effets sociaux. Tandis que le développement relève du qualitatif, de l'amélioration qualitative de la vie humaine. Cette distinction n'est pas stricte. Même si la croissance relève du quantitatif, et le développement du qualitatif, les deux sont complémentaires, car l'homme a besoin de l'un et de l'autre.

Cependant, il est impossible de parler du développement sans évoquer les ressources humaines et matérielles. C'est ce que l'économiste Amartya Sen a mis en évidence. Selon lui, le développement ne peut en aucun cas se réaliser sans la participation des personnes, sans leur appui. Mais la participation humaine est aussi intrinsèquement liée selon Amartya Sen, aux ressources naturelles. Ces ressources peuvent être naturelles, c'est-à-dire du sol et du sous-sol, de la faune et de la flore ou des ressources comme moyens déjà existants, qui sont issus de l'invention, du savoir-faire des hommes. On peut penser ici à toutes les ressources du savoir, des expériences diverses dans plusieurs domaines scientifiques.

En effet, le développement n'est pas seulement un processus engendrant des transformations économiques et sociales positives, il a aussi des conséquences collatérales. Depuis la révolution industrielle du XIXe siècle, le développement a creusé les écarts dans la société entre les hommes et les territoires. Le développement par sa transformation n'a pas supprimé les inégalités entre les lieux et les hommes, il les a aussi créées. C'est l'opposition entre les pays développés et les sous-développés. Ce n'est pas un phénomène historique linéaire comme certains le pensent, mais une succession de changements allant d'une société traditionnelle à une société de consommation. Il est même évident de dire que les inégalités de développement à l'échelle mondiale sont le résultat des relations asymétriques établies entre les pays développés et ceux dits sous-développés. Ce sont les rapports de force qui existent entre les pays développés et les pays dominés, entre les pays exploitants et exploités. La colonisation par exemple, nous le verrons, a été et reste encore par le néocolonialisme l'une des formes les plus brutales de ces inégalités.

Si on élargit le regard sur le développement, on voit que celui-ci a fait subir de grandes dégradations aux équilibres naturels, puisque l'on ne peut imaginer un développement sans modification de l'écosystème. Mais alors, faut-il penser un développement responsable contre un développement irresponsable et destructeur ? Excellente question. Le développement responsable aurait pour objectif l'amélioration de la vie, quantitativement ou qualitativement, tout en sauvegardant les valeurs humaines et environnementales, contrairement au développement irresponsable, qui creuse entre les hommes des inégalités qui favorisent tel ou tel groupe social au détriment de la majorité. C'est dans ce sens qu'on peut dire que le développement ne se limite pas à une interaction entre les individus, mais implique aussi une interaction entre les êtres humains et la nature dans la mesure où intervient aussi l'exploitation des ressources naturelles. On ne peut pas parler de développement sans tenir compte des conséquences sur l'environnement, car les deux sont liés : l'environnement naturel fait partie du développement et le dépasse.

Nous avons longuement analysé le concept de « développement », alors que nous utilisons dans notre travail le concept de « progrès ». Ces deux concepts sont-ils synonymes ? Car ils sont souvent confondus dans le langage ordinaire. Si le développement est un processus en vue de l'amélioration de la vie des hommes sur plusieurs plans, le progrès, étymologiquement du latin « *progressus* », signifie marche en avant, ou développement. Le mot progrès renvoie le plus souvent au mouvement d'un moins vers un plus, ou vers un mieux. Il y a dans l'idée de progrès le sens de l'amélioration des conditions. Au XIXe siècle[1], Hegel et Auguste Comte voient dans le progrès une sorte de loi inscrite dans l'ordre de la nature et de la vie. Le progrès n'est pas toujours linéaire et pas seulement quantitatif, il engendre aussi des désordres et des régressions.

Selon Frédéric Worms[2], l'idée de progrès postule une certaine affinité entre la raison et le temps. Elle ne suggère pas que demain sera nécessairement et automatiquement mieux qu'hier, mais implique que l'avenir est ouvert à l'initiative et à la liberté humaine. Cette définition donne à l'homme le pouvoir de transformation. Pour certains sociologues, le progrès est un développement, un accroissement quantitatif ou intensif. Du point de vue épistémologique, moral et même politique, le progrès se définit comme une transformation graduelle dans le sens d'un mieux, soit dans l'ordre de la connaissance, comme le pensent Descartes et Pascal ; soit dans l'ordre politique et moral chez Kant ou Auguste Comte, soit dans l'ordre économique chez Amartya Sen.[3] Vu la similitude épistémologique entre les deux concepts : développement et progrès, nous ne les distinguons pas, mais les emploierons de façon synonymique.

Il est clair que la notion de progrès est une idée moderne ambiguë, quand on parle des progressistes.

---

[1] L. M. MORFAUX ET J. LEFRANC, *Vocabulaire de la philosophie et des sciences humaines,* Paris, Armand Colin, 2011, 456.

[2] F. Worms, *Les 100 Mots de la philosophie*, Paris, PUF, 2013, p.34.

[3] L. MARIE MORFAUX, *Vocabulaire de la philosophie et des sciences humaines,* Paris, Armand-Colin, 2011, p. 456.

Cette notion s'oppose à celle de stabilité dans les sociétés primitives ou civilisations anciennes. Elle est devenue une notion économique ou scientifique, liée à la révolution industrielle. C'est pourquoi en économie, le progrès technique désigne les phénomènes qui permettent l'amélioration des techniques de production ou l'apparition de nouveaux produits. Nous l'avons souligné en parlant du développement, il en va de même pour le progrès. Les ressources naturelles et la créativité intelligente sont deux exigences pour le progrès, mais une troisième exigence s'impose : le cadre institutionnel doit être favorable, sinon les bâtisseurs travaillent en vain. Si pour certains il existe plusieurs facteurs pour parler du progrès, mais nos analyses montrent qu'il existe une triple exigence, qui se présente comme condition de possibilité pour comprendre les enjeux fondamentaux du progrès.

Les ressources naturelles

Qu'entend-on par ressource naturelle ? Une ressource naturelle est une matière première, dont les propriétés sont utilisées, par l'homme ou par d'autres espèces vivantes, pour satisfaire un besoin. Les ressources naturelles peuvent être utilisées à l'état brut, moyennant toutefois divers procédés qui ne les altèrent pas. C'est le cas des végétaux et des animaux, mais aussi des énergies renouvelables. Elles peuvent également être transformées pour être exploitées et dans ce cas, il s'agit essentiellement des richesses du sol et du sous-sol.

Une ressource en tant que telle est un moyen dont on dispose pour accomplir une tâche ou obtenir un produit. Parler ainsi de ressource naturelle revient d'emblée à envisager la nature comme un fournisseur de moyen qui permettrait à l'homme d'assurer son développement. On distingue deux grands types de ressources naturelles : les ressources biologiques d'une part, énergétiques d'autre part. Les ressources naturelles biologiques sont l'eau que l'on boit, les sols que l'on cultive, l'air que l'on respire, les forêts qui assurent notamment l'oxygénation de l'atmosphère, et l'ensemble des végétaux et des animaux.

Quant aux ressources naturelles énergétiques, elles sont par définition celles que l'on exploite afin de produire de l'énergie. Il s'agit de l'air, du soleil, de l'eau, de la géothermie, des végétaux, et des matières fossiles, telles que le charbon, le pétrole, le gaz naturel ou l'uranium. Ce sont aussi les propriétés des ressources biologiques à effet énergétique comme les aliments que nous consommons qui se transforment en énergie chimique d'abord, puis mécanique. Il existe également des ressources renouvelables et non renouvelables. Dans les ressources renouvelables, distinguons celles qui se régénèrent naturellement ou bien celles qui sont en quantité quasiment illimitée. Cependant, les autres ressources dites non renouvelables sont en quantité limitée, et c'est donc, non seulement, la gestion de leur qualité, mais aussi celle de leur quantité qui importe. L'évaluation des réserves des ressources renouvelables est alors une question centrale, dont la solution dépend de nombreux facteurs. En vue du progrès, ces ressources naturelles biologiques et énergétiques, renouvelables ou non, constituent la première de la triple exigence.

Créativité intelligente

Dans le domaine psycho-social[4], la créativité est à la fois la capacité de transformer quelque chose d'une part, et d'une autre part l'ensemble des méthodes pour trouver des solutions neuves dans le domaine des applications industrielles et autres. Généralement, la créativité naît de la rencontre entre les capacités cognitives, certaines caractéristiques émotionnelles et les ressources naturelles ou des faits environnementaux. C'est en ce sens qu'Aristote envisageait déjà l'acte créatif, comme prenant sa source dans la sphère mentale et se concrétisant dans la matérialité. L'étude scientifique de la créativité, apparaît aux XIXe et XXe siècle avec les travaux entre autres de Francis Galton, Alfred Binet et Freud, y étant la créativité définie comme la capacité de trouver un grand nombre d'idées à partir des opérations intellectuelles. La plupart des chercheurs y voient la créativité d'une production qui soit à la fois nouvelle et adaptée au contexte politique, économique, social, ou scientifique.

---

[4] L. M. MORFAUX, *Vocabulaire de la philosophie et des sciences humaines*, Paris, Armand-Colin, 2011, p.111.

Soulignons-le, la créativité contribue au progrès uniquement si le cadre institutionnel lui est favorable. Dans cette même logique, il faut que quelques conditions soient réunies : premièrement, la créativité proviendrait des conditions environnementales, c'est-à-dire des ressources naturelles, car elles permettent à l'homme d'inventer ou d'innover. La créativité fait exister, non pas de rien, mais à partir d'une réorganisation de ce qui existe déjà. Ce n'est pas à partir d'un vide, mais d'un désordre que la créativité peut mettre en marche. Deuxièmement, la créativité est l'élément moteur du développement dans la mesure où le cadre institutionnel, l'atmosphère familiale, sociale, professionnelle, encourage et valorise l'acte créatif.

Outre des ressources naturelles et une créativité intelligente, la troisième exigence pour le progrès est le cadre institutionnel, c'est-à-dire un ensemble d'institutions qui permettent aux citoyens d'œuvrer, de produire ce qui peut être valorisé pour la transformation économique, sociale et politique de l'Afrique.

Un cadre institutionnel stable

Une institution est une structure politique ou sociale solide où s'exercent différentes fonctions : publiques, administratives, judiciaires, politiques, intellectuelles ou technologiques, qui permettent de créer des structures de travail, et des cadres de recherche pour réussir le développement. Dans certains pays, les systèmes nationaux d'innovation en sont à un stade encore peu développé, précisément par manque de ces institutions stables et favorables.

Ces institutions permettent à l'Etat d'accroitre des débouchés scientifiques. Ce qui encourage les scientifiques dans leur domaine de recherche. L'Etat doit tout faire pour créer une protection des droits intellectuels, il doit lutter contre les facteurs qui limitent l'émergence et le développement d'un système national d'innovation. Le cadre institutionnel de l'innovation dépend d'une part de ses connexions avec le système interne de formation des personnes et du niveau de développement de la sphère industrielle. D'autre part, il dépend de ses relations avec les pays plus industrialisés ou qui ont atteint un niveau de développement similaire.

Ainsi donc, l'Etat a le devoir de former les individus pour qu'ils acquièrent des compétences techniques afin de s'approprier au fur et à mesure les technologies pour permettre de promouvoir les capacités d'appropriation technologique. Il faut dire que beaucoup d'efforts restent à faire pour que le cadre institutionnel favorise partout la créativité. S'agissant du progrès de l'Afrique, nous allons faire une étude progressive pour voir si ce continent remplit cette triple exigence : ressources naturelles, créativité intelligente et cadre institutionnel favorable.

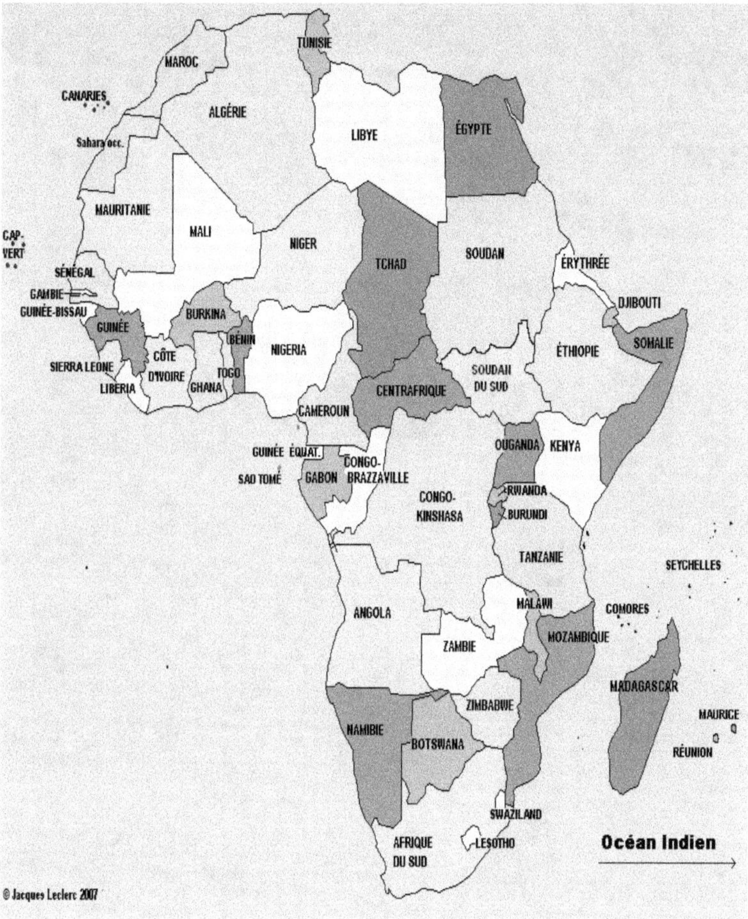

Carte d'Afrique

Chapitre II
Les potentialités de l'Afrique

La première exigence du progrès, selon notre hypothèse, ce sont les ressources naturelles. Celles-ci constituent l'un des atouts indispensables pour l'amélioration des conditions de vie et pour le développement humain, social et politique. Or, on constate qu'il existe en Afrique un contraste entre ses potentialités naturelles et les conditions de vie des Africains. Pour bien comprendre ce fatalisme, nous allons esquisser un tableau qui présente à la fois la profusion des ressources naturelles et le manque de volonté pour les transformer, d'où la misère, les conditions de vie épouvantables.

Le continent du clan de Lucy[5], l'Afrique, est avant tout un socle de 30 millions de km2 qui s'étend de part

[5] Selon Bart, l'Afrique est la conclusion provisoire d'une longue marche des identités. Comme ailleurs, le cheminement que ce continent présente est le plus ancien de l'humanité. Il y a d'abord le clan auquel appartenait Lucy, l'australopithèque, quelque part en Afrique de l'Est, il y a 4 millions d'années. Puis la lignée devient de plus en plus performante : *Homo habilis* inventeur de l'outil, *Homo ergaster*, maître du feu et premier explorateur, *Homo sapiens* enfin. De tous, seul le dernier, notre ancêtre, s'est multiplié lentement, a vécu de la chasse, de la cueillette. Il créa un langage efficace, grâce

et d'autre de l'Equateur. Ce continent détient le plus haut pourcentage de socle précambrien de tous les continents, car presque 98% de sa surface se composent de roches cristallines, recouvertes d'une pellicule sédimentaire ou volcanique. Désigné comme berceau[6] de l'humanité, le continent africain recouvre plus de 20,1 % du globe. Cette partie de la planète comporte cinq régions géographiques : l'Afrique septentrionale, occidentale, centrale, orientale et enfin l'Afrique australe. Le continent est délimité à l'est par l'Océan Indien et la Mer Rouge ; au nord par la Mer Méditerranée et à l'ouest par l'Océan Atlantique. Sa population s'élève à 16,35 % de la population mondiale.

Le continent africain est très riche dans ses diversités culturelles, climatiques, géographiques et historiques. Il regorge d'immenses beautés naturelles. Les climats y varient du Nord au Sud, de l'Est à l'Ouest. Ils dépendent comme partout de l'altitude et de la latitude, de la proximité ou de l'éloignement de la mer, des chutes de fleuves et de la pluie. Au centre, la zone dite équatoriale s'étend à partir du golfe de Guinée ; c'est une zone chaude et humide. Il y pleut en moyenne huit mois par an, mais dans le bassin du Congo, on compte douze mois de pluie. Du point de vue du relief, le mont

---

à quoi son ethnie, la première du monde, peuplera toute l'Afrique, et finalement le monde entier. Cf. F. BART, *L'Afrique continent pluriel*, Paris, Sedes, 2003, p.92.

[6] Les trois quarts de sa superficie sont donc compris entre les tropiques, ce qui en fait le continent le plus chaud de la planète. Cf. F. BART, *op. cit.* p.25.

Kilimandjaro en est le point culminant avec ses 5.895 mètres d'altitude. Il est situé dans le Nord-Est de la Tanzanie.

Le Nord-Ouest est dominé par les chaînes de l'Atlas[7] qui s'étendent du Maroc jusqu'à la Tunisie. Il faut mentionner aussi le Ruwenzori, à la frontière entre la République démocratique du Congo et l'Ouganda. Ce massif offre des glaciers et des sommets enneigés à seulement quelques kilomètres de l'Equateur. Culminant à 5109 m, son sommet est le troisième de l'Afrique après le Kilimandjaro et le mont Kenya.

Réserves d'eau

Malgré ses réserves d'eau, l'Afrique offre deux grandes zones désertiques, le Sahara et le Kalahari. Le désert du Sahara, le plus grand désert chaud du monde, s'étend sur des millions de km carrés. De l'Ouest à l'Est de l'Afrique du Nord, il couvre, partiellement ou en entier, le Maroc, l'Algérie, la Tunisie, la Libye, l'Egypte, la Mauritanie, le Niger, le Mali, le Tchad et le Soudan. Il est délimité au Nord par l'Atlas et la mer Méditerranée, à l'Ouest par l'océan Atlantique, à l'Est par l'Egypte et la Mer Rouge et au Sud par le Soudan et la vallée du Niger. Mais ses frontières ne sont pas vraiment définies, car il avance de plusieurs kilomètres par an. Il est

---

[7] La barrière de l'Atlas s'allonge de l'Atlantique marocain à la Tunisie sur 1200 kilomètres. Il comporte deux chaînes parallèles : l'Atlas tellien au Nord et saharien au sud. Cf. R. FURON, *Les ressources minérales de l'Afrique*, Paris, Payot, 1944, p.27.

difficile d'en déterminer les caractéristiques, car elles divergent selon les régions et ce désert n'offre pas les mêmes paysages au Maroc qu'en Tunisie, en Mauritanie ou au Soudan.

Le désert du Kalahari est long, lui, de plus de 1.300 kilomètres. La Namibie ne compte que deux rivières permanentes : Orange qui forme la frontière avec l'Afrique du Sud et le Kunene aux limites de l'Angola, dans le Nord. Dans ce désert, les conditions climatiques datent de quelques millions d'années. Pour certains, il serait le plus ancien désert du globe. On y trouve le sable appelé « Ocre » et les plus hautes dunes du monde, qui dépassent les 290-300 mètres d'altitude.

Cependant, ses réserves d'eaux sont bien visibles à travers les fleuves, les lacs et les rivières souterraines. Parmi les fleuves importants, citons le Nil, le Congo, le Zambèze, le Niger et le Sénégal. Le but n'est pas de faire une présentation ni de les énumérer ces fleuves, mais de montrer qu'ils constituent une source de richesse sur tous les plans. Ils sont également une ressource naturelle qui contribue directement au progrès de chaque Etat. De plus, le fait que certains de ces fleuves traversent plusieurs pays à la fois pourrait faciliter les échanges commerciaux entre les états.

Le Nil, majestueux et mythique, long de 6671 kilomètres est l'un des plus grands fleuves du monde. Sa source est un mystère enfoui dans la jungle africaine. Il est formé du Nil bleu, qui prend naissance en Éthiopie, et du Nil blanc, descendant du lac Victoria. Ces deux parties du Nil traversent sept états, et se rejoignent au Soudan à Khartoum. Le Nil finit par se jeter en Méditerranée en formant un delta au nord de l'Égypte. Il apporte à tous ceux qui habitent sur ses rives, la vie et une abondance de richesses ; il permet les échanges commerciaux entre nations. Sa crue annuelle rend sa vallée fertile et accroît son débit.

Le Congo, deuxième fleuve d'Afrique avec 4700 kilomètres et par son débit second fleuve du monde après l'Amazone, 41 800 m3/s, prend sa source dans le sud du Katanga au nord de la Zambie. Il traverse tout le pays auquel il fournit nourriture et énergie, en alimentant le commerce. Avec ses affluents, il offre 14.000 kilomètres de voies navigables même si certaines parties sont impraticables à cause de fortes chutes. Il se jette dans l'Atlantique à l'estuaire de Boma. Il a un potentiel énergétique colossal. A cause de l'abondance de ses affluents et du climat, tropical au Sud, équatorial au Nord, il est ravitaillé toute l'année. C'est ce qui explique la puissance de son débit.

Le *Niger* est le troisième fleuve avec ses 4100 kilomètres. Il prend sa source dans le massif du Fouta Djallon en Guinée, près des monts de Loma, à la frontière avec la Sierra Léone. Il conditionne des millions d'habitants et représente la vie dans certaines régions menacées par la sécheresse. Il arrose cinq pays : la Guinée, le Mali, le Niger, le Bénin et le Nigéria. Vers Tombouctou, il forme un delta intérieur, son débit est réduit et il perd la moitié de ses eaux. Il rejoint l'Atlantique à Port Harcourt.

Le Zambèze, quatrième fleuve, est à sa source un minuscule jet d'eau, dans le nord-ouest de la Zambie, à la frontière avec l'Angola et la République Démocratique du Congo. Moins exploité que les autres fleuves, il traverse 2700 kilomètres de territoires, l'Angola, la Namibie, la Zambie, le Zimbabwe et le Mozambique. Sa puissance a sculpté les spectaculaires chutes Victoria. Il finit sa course dans l'Océan Indien.

Le fleuve *Sénégal* parcourt 1790 kilomètres depuis la Guinée, où il trouve sa source, grâce à ses deux principaux affluents, le Bafing et le Bafoye, avant de finir sa course dans l'Atlantique. Il marque la frontière avec le Mali à l'Est et la Mauritanie au Nord. Il a un débit irrégulier selon les pluies ou les saisons sèches. Il traverse ainsi la Guinée, le Mali, la Mauritanie et le Sénégal, où il représente une des principales sources de fertilité.[8] Cependant, en dehors des eaux de surface que nous venons de détailler, il existe également des réserves aquifères souterraines. On a découvert les sources

---

[8] En dehors de ces fleuves, l'Afrique possède de grandes nappes d'eau douce. En premier lieu les « Grands Lacs », alignés du Nord au Sud, de l'Ethiopie au Mozambique. Cet alignement correspond à une grande cassure du continent africain, résultat du jeu de fractures orthogonales, Nord-Est-Sud Ouest et Nord Ouest-Sud Est. Les principaux lacs sont : le lac Tchad dans le sud du Sahara, c'est le Tchad, quarante-deux fois plus grand que le lac de Genève. Il y a le Tanganyika, le lac Albert, le Victoria réservoirs du Nil. Cf. Raymond Furon, *Les ressources minérales de l'Afrique*, Paris, Payot, 1944, pp.31-33

souterraines qui peuvent continuellement se renouveler. Cette découverte est un motif pour faire comprendre aux dirigeants politiques et aux organisations humanitaires qu'il existe aussi des solutions pour les Africains qui n'ont pas toujours accès à l'eau potable.

Les ressources annuelles en eau de surface ne permettraient d'irriguer que quelque 5% des terres arables, alors que les réserves souterraines sont plus de 100 fois plus importantes et correspondent à 20 fois la réserve d'eau douce des lacs. Pour quantifier les réserves aquifères à l'échelle de ce continent et en réaliser la cartographie, les chercheurs ont réalisé une vaste compilation de cartes ainsi que différentes publications et données. Ces ressources s'expliqueraient par le fait que l'eau souterraine réagit beaucoup plus lentement aux conditions météorologiques et au changement climatique que l'eau de surface. Les résultats montrent que dans de nombreuses régions d'Afrique, il y a suffisamment d'eau souterraine pour alimenter en eau potable la population locale grâce à des pompes manuelles. Des puits de forage bien placés et à faible rendement pour l'approvisionnement rural et des pompes manuelles seront probablement efficaces face au changement climatique. Le bétail serait mieux abreuvé et le développement de l'irrigation des cultures favoriserait la sécurité alimentaire tout en ralentissant l'exode rural. L'extraction de cette eau pure remplacerait le liquide saumâtre, limiterait la propagation des maladies, et permettrait de lutter contre la disparité dans la distribution d'eau. Il est malheureusement regrettable encore aujourd'hui en Afrique que beaucoup de personnes n'aient pas accès à l'eau potable.

La flore et la faune[9]

Les différentes zones climatiques africaines ont une grande influence sur le type de végétation. Lorsque les précipitations sont très abondantes comme au sud de l'Equateur, la forêt est recouverte de fougères, de mousses et d'arbres à bois tropical. En savane, on retrouve des herbes hautes, des arbustes et quelques grands arbres[10]. Cependant, il faut noter que dans la région du Sahel, c'est-à-dire entre le Sahara et les régions tropicales humides, les conditions de vie sont difficiles, la végétation y est quasi-inexistante. Les habitants de ces régions semi-désertiques ou désertiques manquent d'eau et ils ont du mal à pleinement pratiquer

---

[9] La savane et la brousse abritent en Afrique une faune nombreuse : des herbivores, souvent en troupeaux comme les antilopes, les girafes, les éléphants, les buffles et les zèbres, mais aussi des carnivores, lions, chacals, léopards, hyènes ; et des oiseaux granivores. Parmi les insectes, l'un des plus redoutables, est le criquet qui détruit les récoltes. Cf. F. Bart, *L'Afrique continent pluriel*, Paris, Sedes, 2003, p.35.

[10] Il faut notamment signaler qu'en Afrique la forêt est caducifoliée car affectée par une sécheresse sensible souvent atténuée par un vent continental, l'harmattan, dont le souffle soulève des tourbillons de poussière, rend la chaleur insupportable et caniculaire. Vers la saison des pluies, la savane offre à perte de vue un paysage verdoyant alors qu'en saison sèche elle jaunit. Cf. F. Bart, *L'Afrique continent pluriel*, Paris, Sedes, 2003, p.34-35.

l'agriculture et l'élevage, même s'ils s'en sortent par la sélection de plantes alimentaires[11].

En effet, dans sa partie centrale, l'Afrique a une forte densité de forêts, celles-ci s'étendant jusqu'à 200 millions d'hectares, comme c'est le cas de la République Démocratique du Congo. Ces forêts, qui offrent bon accueil à toutes les espèces animales, sont malheureusement dévastées par de grandes multinationales, qui seraient à la base du déséquilibre de l'écosystème dans l'Afrique centrale. Il faut signaler que ces forêts qui constituent une richesse non seulement pour les Africains mais pour toute l'humanité, risquent de disparaître[12] à cause de l'homme, qui depuis le Siècle des Lumières, agit en maître autorisé à dominer l'univers.

Nous serions bientôt exposés au gaz à effet de serre si les arbres de la forêt équatoriale qui le retiennent disparaissaient. Ces arbres sont pour l'humanité un potentiel de réussite dans la lutte contre le réchauffement climatique. Ces forêts de l'Afrique centrale constituent l'un des réservoirs de monoxyde de

---

[11] Au cours du temps, l'Africain a su opérer une sélection de plantes alimentaires comme des ignames, le palmier à huile, il a su préserver les arbres qui sont utiles. Les plus connus sont le karité dont les fruits oléagineux sont appréciés, le néré, le kad. Le palmier à huile est exploité sous forme traditionnelle avant de l'être dans des plantations. Le baobab a été maintenu, il fournit des fruits, et son tronc évidé procure d'excellentes citernes ou du bois pour les pirogues. Il sert aussi « d'arbre à palabre ». Cf. F. BART, *L'Afrique continent pluriel*, Paris, Sedes, 2003, p. 39.

[12] J. WAGNER, *Chine Afrique, le grand pillage*, Paris, Eyrolles, 2014, p.68.

carbone. Les spécialistes le disent, la photosynthèse est importante, car par elle les arbres et d'autres nombreuses plantes absorbent le gaz carbonique de l'air et en le combinant avec la lumière solaire obtiennent l'énergie dont ils ont besoin pour vivre. C'est pourquoi il importe dans cette phase dangereuse de lutter pour la préservation des forêts tropicales par la plantation de nouveaux arbres, qui remplacent ceux qui sont détruits par déforestation volontaire ou involontaire. Ce n'est qu'ainsi que nous pouvons au niveau continental et intercontinental minimiser les conséquences des changements climatiques.

L'Afrique possède des régions naturelles, une réserve animalière, qui sont transformées par l'industrie touristique. La beauté des montagnes, de la savane et des rivières ainsi que la richesse de la culture au travers de la musique, de la danse et des festivals surpassent largement les atouts naturels et culturels d'autres régions. Le tourisme peut tirer parti de ces attributs et jouer un rôle fondamental dans le développement africain, mais pour y parvenir, il doit tenir compte de l'économie et de la structure étatique de chaque pays africain.

C'est pourquoi exploiter le tourisme contribuerait à améliorer la croissance et les sources de revenus financiers. Grâce à quoi les pays d'Afrique pourraient rivaliser avec les régions les plus touristiques du monde s'ils accordaient au tourisme la place qu'il mérite dans leur économie. Pour combler ce fossé, les États africains et le secteur privé doivent collaborer afin de s'attaquer à des obstacles tels que l'accès aux terres et les règles d'obtention des visas. Cela leur permettra de développer des opportunités touristiques, de transformer le climat économique et de dynamiser la création d'emplois, en particulier pour les femmes et les jeunes.

Le tourisme est non seulement l'un des secteurs de l'économie mondiale les plus importants, mais aussi l'un de ceux qui se développent le plus rapidement. Grâce à la faune et à la flore, le tourisme africain peut prendre son envol. Cependant, son expansion en Afrique subsaharienne rencontre un certain nombre d'obstacles. Questions de propriété foncière, disponibilité du terrain, du transfert des droits fonciers, tout cela est essentiel à l'évolution du commerce et du tourisme. D'autres obstacles existent à des degrés variables dans plusieurs pays subsahariens : l'accès aux finances pour les investisseurs, les impôts sur les investissements touristiques, le manque de compétences professionnelles spécialisées en industrie du tourisme, l'insécurité, et la forte criminalité.

Le sol et le sous-sol

L'Afrique est un continent riche en ressources naturelles comme le pétrole, l'or, l'uranium, le phosphore, le diamant, le Coltan[13], le cuivre, le cacao, le

[13] Il faut revenir sur un minerai qui est d'actualité. C'est le *Coltan* qui signifie Colombite-tantalite, de couleur noire ou brun-rouge,

caoutchouc ou le bois des forêts. Du Nord au Sud, de l'Est à l'Ouest, l'Afrique possède les richesses minières du sol et du sous-sol. Dotée d'immenses ressources minérales, l'Afrique occupe la première ou la deuxième place pour ce qui est de ses réserves de bauxite, de chromite, de cobalt, de diamant industriel, de manganèse, de phosphates, de métaux du groupe du platine, de carbonate de soude, de vermiculite et de zirconium. Ces ressources jouent un rôle crucial dans l'économie car elles représentent une part importante des exportations.

En effet, dans beaucoup de pays africains, une partie de la production est exportée. Quel rôle peut jouer un État disposant des moyens nécessaires, pour promouvoir sur le continent la transformation structurelle de l'économie axée sur les ressources ? L'Etat en Afrique doit revoir sa vision sur les orientations et les questions juridiques des mines. Le développement est possible si l'Afrique réussit à transformer sa richesse minérale transitoire en d'autres formes de capital durable pouvant survivre à la phase

---

dont on extrait le niobium. Il se trouve en quantité commerciale en Afrique centrale notamment en République démocratique du Congo dans la région du Kivu qui détient entre 60 et 80 % des réserves mondiales ; on le trouve également en Australie, au Brésil, en Espagne, au Venezuela et en Chine. Ce minerai est la cause première de la guerre au Congo-Kinshasa, guerre entreprise par les multinationales occidentales depuis plus de dix ans. Cette guerre a causé plus de sept millions de morts à l'Est du Congo dont personne ne parle. J. WAGNER, *ChineAfrique, le grand pillage*, Paris, Eyrolles, 2014, p.39.

d'extraction. Les principales ressources éventuellement nécessaires pour la mise en œuvre de la vision sont les recettes tirées de l'exploitation des ressources naturelles. L'Etat doit également établir des liens entre le secteur minier et les autres secteurs. La promotion de ces liens maximise la valeur qui revient à l'économie locale. Elle accroît la proportion des recettes minières retenue dans le pays et a un effet multiplicateur sur l'emploi et autres facteurs. Cette vision selon laquelle les ressources minières pourraient stimuler la modernisation de l'Afrique transparaît déjà dans de nombreux plans et stratégies de développement adoptés en Afrique au niveau national et régional.

Cependant, au nombre des obstacles qui entravent le développement des liens économiques dans le secteur minier en Afrique, on peut citer l'inadéquation des infrastructures, le faible niveau d'industrialisation qui débouche sur des marchés peu développés pour les produits minéraux, la politique d'achat des sociétés minières, le niveau généralement faible de la base de savoir et les déficiences technologiques.

Dans le souci d'acquérir rapidement des capitaux et des compétences, la plupart des États africains ont donc choisi d'encourager les investissements étrangers plutôt que de compter en premier lieu sur le développement des sociétés minières locales. Quel est le rôle des institutions financières dans la promotion de la création des compagnies minières africaines ? La découverte d'une ressource minérale dans une région minière suscite toujours de grands espoirs chez les parties prenantes, notamment en ce qui concerne par exemple les recettes et leur répartition. Les décideurs font face à des choix difficiles quant à comment mettre en place des régimes adéquats qui profitent à la fois au pays hôte et aux investisseurs; comment être une destination compétitive pour l'investissement sans pratiquer une politique de « bradage fiscal »; comment répartir équitablement les retombées dans le pays; et comment investir les revenus tirés des ressources minérales pour pérenniser la richesse et promouvoir le développement durable. Il importe en effet de souligner que l'Afrique a d'autres richesses à partager que les ressources naturelles : il s'agit de son héritage culturel dont nous allons traiter.

Identitié culturelle

Du Nord au Sud, les populations africaines[14] sont très diversifiées. Le Nord est peuplé de Blancs, Egyptiens, Berbères et Arabes. Il faut y joindre des Touareg et des Maures. Dans l'Est, en Ethiopie par exemple, on trouve des hamitiques de type abyssin. Par

---

[14] Cette classification des populations africaines nous vient de Furon pense qu'en Afrique comme dans d'autres régions du globe, on ne trouve pas facilement des groupes bien définis, car les peuples noirs se sont beaucoup déplacés. Il y eut de grands empires et de longues guerres, des invasions multiples, des rapts et des centaines de milliers d'esclaves, ce qui rend la tâche difficile pour les ethnologues. Cf. R. FURON, *Les ressources minérales de l'Afrique*, Paris, Payot, 1944, p.34.

contre, à la lisière du Sahara soudanais, on trouve des populations de teint clair comme les Peuhls, connus sous le nom de Foulahs. On pense souvent que ce sont les « Béni Israël », descendants d'une tribu juive qui aurait quitté l'Egypte pour gagner le Niger. Au-delà de cette lisière du Sahara soudanais, c'est dans le Sud du Sahara que l'on trouve la population noire. Cette population est variée dans son aspect physique, ses coutumes, ses arts. On s'en tient en général à deux groupes : les Noirs Soudanais qui habitent le Sud du Sahara, et les Bantous, au Sud de l'Equateur. Il existe aussi des populations particulières comme les Boschimans et les Hottentots, qui seraient métissés par les Hamites du Nord-Est.

En Afrique, l'identité est intrinsèquement liée à la langue. Les langues africaines sont mieux connues maintenant et bien classées par famille. On discerne dans l'inscription spatiale de ces idiomes des continuums parfois vastes de parlers apparentés : le domaine arabe, l'aire bantoue, ou les zones manding. Il faut noter que dans leur majorité les langues africaines sont autochtones, antérieures à la colonisation. Elles se subdivisent entre cinq souches majeures : dans la famille afro-asiatique, on trouve l'arabe, langue sémitique ; en Ethiopie les langues tchadiques, d'autres langues sémitiques dans le reste de la corne, des langues couchitiques et omotiques.

La deuxième famille est la famille *Niger-kordofan.* Elle regroupe plusieurs langues comme les langues atlantiques, voltaïques et guinéennes, et les langues bantoues. La troisième famille est située dans l'entre-deux. Elle regroupe des langues songhaï, sahariennes, nubiennes. La quatrième est la famille Khoïsan et la cinquième l'austronésienne, qui résume les langues malaises de Madagascar.[15]Comme chez tous les peuples du monde, avant les religions révélées, il a existé et continue d'exister chez certains, des croyances en des divinités, en des forces de la nature. C'est aussi le cas de l'Afrique avant que les religions[16] dites révélées comme le judaïsme, l'islam et le christianisme ne s'installent. Il a

---

[15] En Afrique, le poids des langues est très inégal, souligne Bart. Il va d'une poignée de locuteurs à 56 millions comme le cas du Swahili, même à 148 millions avec l'arabe. Leurs statuts sont très différents. D'ampleur régionale, nationale ou internationale, très diffusés dans les villes, les langues vernaculaires sont souvent autochtones : cas du ouolof, dioula, haoussa, peul, lingala, sango, kikongo, swahili. Il y en a qui sont venus d'ailleurs comme l'arabe, il y a aussi les créoles à base portugaise ou française langues devenues maternelles dans les îles de l'Atlantique et de l'Océan Indien. Cf. F. BART, *L'Afrique continent pluriel*, Paris, Sedes, 2003, p.87.

[16] Le christianisme, vieux de vingt siècles en Egypte, de quinze en Ethiopie n'a pris pied au Sud du Sahara qu'au XVe siècle, puis de nouveau au XIXe siècle. Son expansion se poursuit dans une sphère bien définie : Afrique guinéenne et Bantoue, Madagascar et îles créoles, plus à part l'Ethiopie. L'islam, venu d'Arabie, n'a cessé de s'étendre en treize siècles, il est ici la religion majeure. L'islam noir a paru tolérant, bien que rigoriste au Soudan et dans la Corne de l'Afrique. Mais la charia gagne de plus en plus le Sahel. Le judaïsme, implanté depuis deux mille ans en Afrique du Nord, y a presque disparu depuis presque un demi-siècle. Seule l'Afrique du Sud conserve une forte communauté juive. Les religions indiennes ou chinoises sont minoritaires dans les îles africaines. Cf. F. BART, *L'Afrique continent pluriel*, Paris, Sedes, 2003, p.88-89.

existé des systèmes de croyances typiquement originaux que l'on a du mal à désigner. On emploie souvent le terme vague de religions traditionnelles ou pour désigner de manière péjorative ou pour distinguer les croyances des religions révélées, le fétichisme, le polythéisme, le vitalisme. Ce qui n'est pas aussi exact dans la manière dont certains ethnologues les présentent. Ils les mettent au même degré que le panthéisme, dans le sens d'un microcosme où le monde se lit tout entier : les dieux, les animaux, les végétaux, les minéraux. Cette classification par des ethnologues s'inscrit dans une logique de différenciation et de hiérarchisation des croyances.

Dans les religions traditionnelles africaines, existe la croyance en un « Dieu », créateur du ciel et de la terre, comme l'expriment certains mythes cosmogoniques : les riches cosmogonies Dogon et Bambara du Mali, des Yorouba du Nigéria, des Fali au Cameroun ou Luba au Katanga (Congo-Kinshasa). Ces cosmogonies, fondements des religions traditionnelles, ont toutes les mêmes thèmes : le monde est créé ou organisé à partir d'un chaos, il est parfois restauré après un désordre, l'homme y est présent. Toutes ces interprétations du monde, s'appuient sur la même notion : celle de la force vitale. Cette force unique et impersonnelle, dont le dieu suprême est la source, imprègne tout l'univers.

Les religions africaines dites non-révélées, attachent l'homme à sa société, il faut entendre par là, non seulement les vivants, mais les morts, les ancêtres : pas n'importe lesquels, mais ceux qui ont bien vécu sur terre avant de traverser ce monde des vivants vers de la félicité. Les religions traditionnelles africaines sont profondément ritualistes, car l'accomplissement parfait du rite est la condition de l'efficacité de la chasse, de la fécondité de la terre et du bétail, de la chute des pluies, de la perpétuation du groupe, de la préservation de la nature. Mais il faut noter qu'à l'arrivée des religions comme l'islam et le christianisme, si plusieurs religions traditionnelles ont disparu dans certaines contrées, elles continuent à être pratiquées dans bien d'autres jusqu'à aujourd'hui.

Dans les premiers siècles de notre ère, l'expansion chrétienne suivit naturellement les frontières de l'empire romain. C'est en ce sens qu'il y eut d'importantes communautés en Afrique du Nord très vivantes malgré la persécution, à l'époque de Tertullien, de Cyprien et d'Augustin. De même en Egypte, en Nubie et en Ethiopie, les églises s'étaient fortement implantées. Alexandrie était un centre intellectuel important, avec de nombreux théologiens tels que Clément, Origène, Athanase, et Cyrille. Malheureusement, des hérésies s'infiltrèrent dans ces églises, les affaiblissant du même coup à la suite des invasions des Vandales et autres Wisigoths, qui étaient aryens. C'est ainsi que l'église d'Afrique du Nord adopta le point de vue aryen, c'est-à-dire non trinitaire. L'Egypte finit par adopter les thèses monophysites selon lesquelles Jésus est « uniquement Dieu et non pas homme ».

Cependant, lorsque l'Islam commença sa conquête religieuse par la force, ces églises ne purent résister et un certain nombre de chrétiens s'enfuirent vers le Sahel et le centre de l'Afrique. En Egypte, les musulmans laissèrent subsister l'église copte, qui existe toujours, comme l'église abyssine d'Ethiopie et les églises du sud de la Nubie. Mais ces églises restèrent coupées du reste de la chrétienté pendant de nombreux siècles. L'Islam continua sa progression en Afrique vers le Sud, et ce mouvement se poursuit encore. Il faut se demander si un jour toute l'Afrique deviendra musulmane. Actuellement, l'islam progresse et s'installe peu à peu en Afrique centrale qui est jusque-là encore et totalement chrétienne.

A côté des missionnaires étrangers, plusieurs Africains entendirent l'appel de Dieu à évangéliser. La plupart rejoignent les missions fondées par les missionnaires, mais certains sont en complète autonomie. Le prophète Harris (1860-1929), en Côte d'Ivoire. Converti dans l'église méthodiste dans son enfance, Harris devient prédicateur. De sa prison, il a une vision de l'ange Gabriel qui lui ordonne d'évangéliser ses frères de la côte, ce qu'il fit avec beaucoup d'énergie, en luttant surtout contre le fétichisme à partir de 1912. Il créa des églises avec ses baptisés, nomma des apôtres. Les autorités françaises l'expulsèrent de Côte d'Ivoire en 1915, au début de la guerre, par crainte des foules qui s'assemblaient autour de lui. Il se retira au Liberia et transmit le flambeau à Pierre Benoît, méthodiste français.

Un autre fils du continent, dont la puissance évangélisatrice continue, est Simon Kimbangu (1889-1951). Né à N'Kamba, baptisé par la mission baptiste du Bas-Congo, il devient instituteur. En 1918, la voix de Jésus-Christ l'appela à témoigner, mais il résista trois ans. En 1921, l'Esprit le contraint à guérir une femme au nom de Jésus-Christ. Puis les miracles s'enchaînent : résurrection d'un enfant, guérisons. Il attire de nombreuses foules, les incitant à abandonner les fétiches et à mener une vie sainte. Sa popularité lui attire la jalousie de certains collègues blancs, en particulier des missionnaires catholiques, et la méfiance du pouvoir colonial qui craint l'insurrection. On veut le mettre en prison, mais il se cache cinq mois, le temps de former des disciples, puis il se rend aux autorités. Il est condamné à mort, peine commuée en prison à vie au Katanga.

Ces églises de Harris et Kimbangu obtinrent leur reconnaissance et la liberté de culte vers 1959. Dans le même temps, de nouvelles églises apparurent comme suite au réveil pentecôtiste, sans compter les sectes. Dans les missions, on donne une part de responsabilité plus grande aux pasteurs africains. L'islam redevient plus actif, et cherche à imposer la charia dès que les musulmans deviennent majoritaires. Ajoutons quelques éléments qui sont toujours oubliés de la culture

africaine, mais qui sont importants. Il s'agit du rôle du repas, de la danse et du corps.

En zones tropicales, le repas est constitué d'un seul plat composé de l'aliment de base : céréales ou légumineuses, et tubercules ou bananes Plantin dans les régions équatoriales. Ce repas est accompagné d'une sauce cuite à part, dont la composition varie selon les sociétés. Ce plat est accompagné de poissons, de viandes selon les sociétés et les saisons. Ceci concerne les régions rurales. Cependant dans les régions urbaines, existe le repas à plusieurs plats.

Le repas important se prend le soir. On le consomme chaud et il est abondant. Pourquoi le soir ? C'est parce que dans certaines sociétés africaines, que ce soit en zones rurales ou urbaines, c'est le soir que se tiennent les réunions, les rencontres importantes pour résoudre tel ou tel problème social comme des palabres. La préparation des repas occupe la majeure partie de la journée des ménagères, du fait de la complexité des opérations. Dans les ménages africains, la préparation et la consommation des repas font l'objet d'une organisation très précise. Je parle ici des situations normales et non pas des situations catastrophiques en temps de famine. Il faudrait désillusionner ceux qui croient qu'en Afrique on ne mange pas et que les gens meurent systématiquement de faim. Chaque épouse sait exactement ce qu'elle doit préparer pour elle-même, pour les enfants, pour les hommes et pour les vieillards.

La majorité des plats traditionnels est consommé avec les doigts, pour être en contact avec la chaleur du repas, sentir ce qu'on mange non seulement par l'odorat, mais aussi par le toucher. Il était rare jadis que les hommes et les femmes, les vieux et les enfants, les initiés et les non-initiés, les notables et les routiers mangent dans un même plat. Dans certaines sociétés qui respectent encore scrupuleusement la tradition, cela est encore observé, mais dans d'autres sous l'influence des mentalités urbaines africaines, tout le monde mange dans le même un plat. Un élément qui me semble important à souligner est l'hospitalité alimentaire quelle que soit la carence. En Afrique la tradition de l'hospitalité n'est pas à démontrer, elle se vit au quotidien. Cette tradition se traduit par un bon voisinage et des rapports cordiaux dans le respect et la bonne humeur. C'est aussi s'entraider, se conseiller, accueillir les invités, les étrangers avec égards et courtoisie. Car l'étranger est dépourvu de tout droit et entièrement dépendant de la communauté dans laquelle il arrive où il n'a ni parents, ni protecteurs pour le soutenir. Etre étranger, est un statut de précarité. On réserve aux étrangers et invités le plus bel accueil en leur donnant la meilleure chambre, en cuisinant spécialement pour eux des plats locaux et en partageant avec eux les moments conviviaux qui accompagnent le repas. Dans une maison africaine, malgré la crise, lorsqu'on fait la cuisine, il n'est pas question de peser les ingrédients, de compter les bols de riz, parce que, d'une part les familles sont grandes mais que d'autre part il y a toujours une place pour l'imprévu, pour l'étranger. C'est pourquoi, lorsque la maîtresse de maison prépare le repas, elle ne tiendra pas seulement compte des convives habituels, mais également de l'arrivée éventuelle de parents, amis ou visiteurs imprévus. Et s'il y a des restes ils seront distribués aux plus démunis. Dans certaines régions, lorsque l'étranger est une femme, c'est la maîtresse de maison qui « demande les nouvelles » et les donne au chef de famille. Si l'étranger est un homme, c'est le porte-parole de la famille qui demande ces nouvelles et les transmet au chef de famille. De plus, si l'étranger est en danger, on s'efforce de lui fournir une cachette, puis on lui donne à boire. On le protège contre tout danger et on cherche à ce qu'il ait la vie sauve. Cette hospitalité n'est pas seulement importante, elle est de rigueur. L'hôte est généralement objet de privilège, de traitement différencié ; veiller à ce que la nourriture ne soit pas empoisonnée, ni envoûtée. Un hôte, même s'il vient à l'improviste, est toujours bienvenu. Car on partage toujours la nourriture, elle n'est pas calculée.

Si dans sa dimension polysémique, le corps est matière en physiologie et subjectivité en psychologie et en anthropologie philosophique, il est la réalité par laquelle l'homme est en relation avec le monde, avec autrui et avec les choses. Comme réalité, le corps permet à l'individu de percevoir, de réfléchir, d'éprouver des sensations, des sentiments. Le corps est cette réalité humaine animée par l'âme qui est en même temps un moyen qui permet à l'individu d'exister, d'être présent dans le monde, d'appréhender les choses et de les toucher, de faire l'expérience avec la réalité sensible et l'altérité. Le corps est l'expressivité de l'âme d'où l'indissociabilité qui existe entre ces deux dimensions humaines.

En Occident, l'homme est défini comme un individu composé d'une âme et d'un corps liés par une relation d'indissociabilité. L'âme est le principe vital du corps qui se manifeste extérieurement à travers certaines facultés cognitives (perception, intelligence), facultés affectives (sentiments, émotions) et facultés instinctives (pulsions, besoins) ; intérieurement par la conscience du « Moi » d'être une individualité qui a un corps et une âme indissociables. Si l'âme est le siège de l'intelligence et de la liberté, le corps est le moyen par lequel l'homme fait l'expérience de lui-même avec ses semblables et avec les réalités sensibles.

Cependant en Afrique, la personne n'est pas dualiste comme en Occident, elle est composée de plusieurs éléments. Il existe dans l'homme des composantes matérielles, immatérielles périssables et immatérielles impérissables. Parmi les composantes matérielles se trouve le corps, partie intégrante du moi, qui est faite d'argile et se transforme en poussière après la mort. Dans la tradition africaine, l'esprit qui traduit bien les composantes immatérielles, périssables, se situe au niveau de la tête, derrière le front. Mais les composantes immatérielles impérissables sont trois : le cœur, lieu de la valeur profonde de l'homme ; le souffle vital, qui abandonne le corps à la mort pour rejoindre l'Etre Suprême. Enfin vient la tête, et c'est cette partie qui se réincarne dans le nouveau-né parce qu'envoyé par les ancêtres.

Le corps est l'un des aspects de la personne le plus essentiel. Il est le support de la force vitale. Il comporte en même temps des organes privilégiés où la force vitale se concentre et qui reçoivent une particulière attention : le cœur, le sexe, la tête, le sang. Le crâne est souvent l'objet de culte.

Les pratiques opérées sur ce corps en font un objet de travail en vue d'atteindre plusieurs objectifs. Il faut cependant souligner que ce travail sur le corps n'exclut pas sa dimension sacrée. Certains modifient le corps pour lui donner un sens complet, pour l'intégrer dans la société ou pour le protéger contre les dangers. Il existe des pratiques liées à l'initiation comme la circoncision, le limage des incisives. Les Egyptiens de l'antiquité et les Mangbetu du Congo pratiquent l'élongation des crânes dès la première enfance. Le lobe des oreilles, la cloison du nez ou les lèvres sont percés, comme on le voit encore aujourd'hui dans nos sociétés modernes. Par les scarifications de la peau, l'enfant devient membre à part entière d'une communauté. Certaines pratiques commencent à disparaître à cause de la modernité. C'est le cas des cheveux nattés, tressés pour former des crêtes. L'une des plus belles réalisations capillaires est le casque plus haut des femmes nobles Peul de Guinée.

On pourrait dire même que la danse est intrinsèque à la vie africaine, l'Africain a la danse et le rythme dans le sang. La danse figure bien dans les monuments égyptiens et même dans les peintures de l'Afrique du Sud. Il semble exister une similitude dans la danse entre la Haute-Egypte et l'Afrique noire. S'agit-il d'un fond commun ?

Les danses[17] en Afrique sont multiples. Chaque pays s'appuie sur une gestuelle, une rythmique bien différente, pour exprimer les réalités de la vie. La danse est un moment pour exprimer la richesse du continent, sa symbolique et sa mystique. Inspirée des animaux, elle est avant tout ce moyen d'expression qui sollicite toutes les parties du corps. Cet art fait partir intégrante de la vie sociale en Afrique. Lourde de signification et de symbole, la danse reflète chaque étape de la vie quotidienne et accompagne tous les évènements importants de la vie d'un homme. Incontournable moyen d'expression et de communication, elle permet à chacun de partager, dans la joie et l'énergie, de grands

[17] Issues des différentes cultures, les danses ont toutes une histoire ancestrale. Chaque pays possède une gestuelle et une rythmique qui lui sont propres mais elles ont toutes un point commun : elles sont un moyen d'expression sur le sens profond de la vie. De même, elles revêtent à chaque fois un caractère festif. Il y en a plusieurs selon les régions : le Coupé-décalé en Côte-d'Ivoire, le Makossa au Cameroun, le Soumou au Mali, le Ndombolo et le Kwasa kwasa au Congo-Kinshasa. En Egypte, le baladi, et le sharqi ; en Afrique du Sud, le Toyi-Toyi, et le Mapuntsula…

moments de convivialité. Il est impossible de dissocier l'histoire de la danse africaine de celle de son peuple, de son identité culturelle et de ses rythmes.

La danse est un prolongement de la vie et des gestes quotidiens. Elle est un moyen d'expression de la pensée, des sentiments. C'est ce que la danse africaine était il y a déjà des milliers d'années et c'est ce qu'elle est toujours aujourd'hui dans les différents pays d'Afrique Noire. La danse des jeunes filles, la danse des chasseurs, la danse des réjouissances, la danse de la virilité, la danse de la récolte sont autant de mouvements très caractéristiques décrivant ou s'inspirant de gestes réels de ces instants de vie.

C'est pourquoi chaque danse doit être expliquée et repositionnée dans son contexte géographique, historique, ethnique et social. Contrairement aux danses qui demandent une grande discipline et une uniformité imposée, dans la danse africaine, chacun peut s'approprier de mouvements et d'enchaînements pour ensuite exprimer à sa façon ce langage du corps. Le danseur puise son énergie dans le sol pour la transmettre à tout son corps. C'est en quoi la danse traditionnelle africaine est une danse naturelle.

La danse et les chorégraphies sont inspirées des animaux. La plupart du temps, elles se dansent pieds nus et les danseurs exécutent des sauts, des figures et des acrobaties au son du djembé. Frappements de mains et de pieds, sauts, ondulations : tous ces mouvements se pratiquent genoux fléchis et dos cambré. La danse a des caractéristiques importantes. Elle est énergique, idéale pour les personnes souffrant de stress. Elle sollicite tout le corps, particulièrement les hanches pour les femmes. Un exercice idéal pour bouger, se défouler et évacuer le stress accumulé. Vous libérez ainsi vos émotions tout en renforçant articulations, dos, sternum, bassin et torse. La danse africaine est une activité qui apporte beaucoup de bienfaits à ceux qui la pratiquent.

L'Afrique répond favorablement à la première exigence du progrès car elle possède des ressources naturelles. Mais nous avons souligné par notre analyse que les Africains ne bénéficient pas de leurs richesses, car les conditions de vie ne s'améliorent pas. Il y a des populations qui n'ont jamais accès à l'eau potable alors que le continent regorge d'importantes réserves d'eau. Il n'existe pas des structures touristiques pour valoriser la faune et la flore qui sont des ressources nécessaires pour le progrès. Malgré les richesses du sol et du sous-sol, le secteur minier est très mal organisé. Avoir des ressources naturelles ne suffit pas, il faut aussi des ressources humaines qui créent, innovent, inventent grâce à un cadre institutionnel favorable. L'Afrique a-t-elle un cadre institutionnel favorable à la créativité ? Le chapitre suivant nous permettra d'y répondre.

Chapitre III
Entre force et limites

Depuis quelques années déjà, l'Afrique, où le PIB est le plus faible du monde, est au seuil du milliard d'habitants. Avec plus ou moins cinq enfants par femme, le taux de fécondité y est le plus élevé, si bien que dès 2050, si les conditions de vie s'améliorent, la population la plus nombreuse de la planète sera africaine. Scolarisation, emplois, santé, économie, dans tous ces domaines, et bien d'autres, les Africains devraient être plus que jamais créatifs afin d'améliorer leurs conditions de vie à partir des ressources naturelles dont est doté leur continent.

Faible créativité

L'esprit de créativité doit être développé dès le jeune âge chez l'enfant, pour cela, la scolarisation, parmi tant d'autres éléments est un facteur important. En psychologie sociale, c'est la capacité de trouver des idées originales ou des solutions neuves grâce à des méthodes qui peuvent être scientifiques ou non scientifiques dans des domaines divers. En pédagogie, la créativité est l'ensemble des méthodes et des moyens pour développer chez l'enfant ou chez l'adolescent la fécondité de l'intelligence et de l'imagination. Il faut cependant souligner que pour être créatif, plusieurs voies existent : l'intuition, l'éducation, l'apprentissage. Sans minimiser une voie plus que d'autres, il faut les prendre chacune pour ce qu'elles sont.

Dès la naissance, l'enfant doit comprendre son environnement et se comporter de façon adaptée. Il va donc construire des représentations du monde et des solutions nouvelles pour lui, à partir de son programme comportemental de petit homme. Si certaines conduites ne nécessitent que de l'exercice et des ajustements limités, d'autres peuvent être plus inventives et personnelles. Et même si elles ne sont nouvelles que pour lui, on peut considérer que l'enfant s'est engagé dans un processus créatif à un niveau personnel. La créativité se trouverait ainsi au centre du développement et de ses variations.

De nombreuses études ont cherché à mettre en évidence la relation entre l'environnement scolaire et le développement de la créativité. L'école ne semble pas *a priori* favoriser la prise de risque et la créativité. Les enseignants transmettent implicitement aux élèves leurs attitudes et leurs préférences à travers la manière dont ils organisent leurs classes. On attend des élèves qu'ils suivent les consignes, travaillent de façon silencieuse et posent des questions de compréhension ou de précision sur les matières enseignées. Les écoles traditionnelles ont également tendance à valoriser une situation scolaire gérée par des règles relativement strictes pour maintenir l'ordre. Les connaissances sont, bien souvent, enseignées isolément, sans liens entre elles. La performance est évaluée par des épreuves de rappel et de synthèse, sur la foi d'une bonne réponse. Il serait injuste cependant, d'accuser le milieu scolaire de frein au développement créatif. Certains programmes scolaires favorisent les façons d'utiliser les connaissances et la construction de liens entre différentes disciplines. De nombreux créateurs se souviennent également d'un de leurs enseignants qui fut source d'inspiration ou modèle de créativité. C'est dans cette logique qu'en Afrique, les cadres scolaires doivent être des ferments pour que les jeunes deviennent créatifs. A défaut de ce cadre, il est difficile, mais non pas impossible, d'être créatif.

Malheureusement ce cadre pouvant permettre la créativité dès l'âge scolaire, est peu exploité dans certains pays africains par manque des structures appropriées. C'est là que doit intervenir le savoir pratique des dirigeants pour permettre à chaque enfant de bénéficier d'un cadre afin de développer en lui les capacités nécessaires au progrès, même s'il est clair que l'école n'est pas l'unique source d'invention, de créativité.

La question démographique n'a pas que des avantages, elle a des défis à relever dont en voici quelques-uns. La bombe démographique africaine pose des problèmes, notamment à propos du coût de scolarisation, qui reste défaillant sur tous les plans, malgré quelques efforts réalisés par tel ou tel gouvernement, et soutenus par les rapports de l'Unesco. Si l'école est l'une des sources de la créativité, cela pose un problème pour ce qui est de l'Afrique. La scolarisation totale des enfants africains est encore loin d'être une réalité. Certes chaque pays présente une situation différente. Bien que certains aient réussi à augmenter leur taux de scolarisation, ce n'est pas le cas de tous.

La scolarisation est à la fois un cadre institutionnel et un moment important pour former tout l'homme et ouvrir son intelligence à la créativité. Il est clair que ce cadre est bien présent dans plusieurs pays africains, mais en présentant toujours quelque opacité à son bon fonctionnement. Parmi les facteurs qui entravent ce cadre, figurent des systèmes éducatifs eux-mêmes dont les programmes ne sont pas « *enculturés* », c'est-à-dire qu'ils ne prennent pas en compte les éléments de la culture locale ; ensuite le manque d'infrastructures capables d'accueillir le nombre pléthorique d'élèves, et enfin la disparité entre filles et garçons pour l'accès à la scolarisation. Ces trois facteurs sont un obstacle majeur à une créativité intelligente en Afrique. Analysons-les de plus près.

Les systèmes éducatifs[18] sont complètement désincarnés, car aucun programme ne tient compte ni des réalités sociales ni des méthodes d'enseignement ; celles-ci ne favorisent pas l'autonomie et l'utilité de

---

[18] Cf. M. KASONGO, *Repenser l'école en Afrique entre Tradition et Modernité,* Paris, L'Harmattan, 2013, p.12.

l'homme. Dans ce cas, comment pourrait-il bien connaître l'histoire et la géopolitique de son pays si le programme scolaire ne lui en accorde pas l'opportunité ? Comment voulez-vous qu'il invente, qu'il recrée en réfléchissant à partir des éléments de son milieu si ceux-ci sont absents du programme scolaire ? Comment voulez-vous qu'il développe le sens critique et l'esprit de discernement, si à l'école on ne lui a appris qu'à croire et à répéter l'enseignement du maître ? Les programmes scolaires doivent, plus que jamais, répondre aux besoins et préoccupations du milieu. C'est une véritable aliénation culturelle dont les conséquences désastreuses sont encore assez perceptibles aujourd'hui. Pour s'en sortir, il faut faire appel au « penser par soi-même » socratique. Il nous faut, en Afrique, un enseignement libérateur, une éducation à l'autonomie contre la dépendance, dans la ligne de la pédagogie kantienne. Il nous faut un enseignement qui aiguise et forme le jugement des jeunes. L'enseignant a donc, dans cette optique, le devoir de former les jeunes, adultes de la société de demain, de les conduire de la nuit de l'ignorance à la lumière de la vérité.

Quant aux infrastructures, elles sont déplorables dans les milieux urbains comme dans les villages. On trouve souvent un modeste bâtiment en briques de terre cuite, poussiéreux et pauvrement aménagé, il sert de salle de classe pour les élèves de primaire et même de secondaire. Certains des élèves sont installés à même le sol en terre battue et tentent d'écrire sur des cahiers posés en équilibre sur leurs genoux. D'autres, plus chanceux, sont serrés les uns contre les autres sur un banc derrière des pupitres et notent ce que leur instituteur dit ou écrit au tableau. Sous le toit en tôle ou dépourvu de tôle, l'atmosphère est chaude et parfois étouffante.

La construction de nouvelles salles de classe est extrêmement lente faute des moyens financiers. Dans certaines classes, on peut compter cent élèves pour un instituteur. Pour résoudre cela, on a recouru au système de « classes alternées » pour permettre de soulager la pression au niveau des classes. Mais il exige un énorme travail de la part des enseignants qui sont obligés d'organiser deux sessions scolaires par jour, ce qui avec le temps, compromet la qualité de l'éducation. Et pourtant, ni le manque d'enseignants, ni les classes trop nombreuses, ni la rareté des manuels et fournitures scolaires n'empêchent les écoliers d'affluer. Qu'est-ce qui manque à ces gouvernements, sont-ce les moyens financiers ?

La scolarisation en Afrique exige un autre examen à propos de la disparité entre filles et garçons. Il y a moins de filles que de garçons dans les écoles. A quoi cela est-il dû ? Dans de nombreuses sociétés africaines, les filles sont encore reléguées au second plan, les garçons étant en général plus valorisés qu'elles.

La suppression du facteur coût permettrait désormais aux jeunes filles d'accéder à l'éducation de base mais en Afrique les filles sont souvent amenées à manquer l'école. Les faibles moyens financiers, les tâches ménagères et les grossesses adolescentes sont les principales causes de cette absence de scolarisation. Pour ceux qui ont la chance d'aller à l'école, filles comme garçons, ils font face au manque de matériel scolaire et à une qualité d'enseignement médiocre. Beaucoup de familles n'ont pas l'argent nécessaire pour acheter uniforme et livres, et payer les frais de scolarité « non officiels » imposés par les différentes écoles et aussi enseignants. Tous ces facteurs-obstacles sont un frein pour le progrès de l'Afrique.

On pourrait dire que les disparités entre les sexes en matière d'éducation restent considérables en Afrique et même au niveau mondial. L'éducation gratuite ne garantit pas forcément l'effacement des stéréotypes ou des barrières culturelles qui empêchent les filles d'accéder à l'école. Les conditions matérielles doivent aussi être meilleures pour garantir à ces filles un environnement scolaire à la fois sûr et accueillant. Les gouvernements africains ont démontré qu'il était possible d'offrir une éducation primaire gratuite dans des pays qui disposent de ressources limitées. Mais les économies nationales doivent se renforcer pour que l'aide extérieure ne soit plus nécessaire.

C'est un grand chantier et un défi à relever pour les Africains. Il est certain que pour être créatif, inventif, on peut, à la rigueur, se passer de l'école. Il en existe qui ont inventé, qui ont laissé une œuvre, sans avoir obtenu de diplômes. Cependant, le cadre éducatif facilite le déploiement de l'esprit de créativité. Si cet esprit n'est pas développé dès le jeune âge, les conséquences peuvent être néfastes dans d'autres domaines où l'homme aura du mal à créer des structures qui contribueraient au progrès. Hormis le problème de scolarisation, il existe d'autres défis à relever, c'est la question de l'emploi. Comment créer de l'emploi en Afrique ? Les Africains devraient, à partir de leurs ressources naturelles, créer des usines et des sociétés de transformation, ce qui donnerait de l'emploi. Mais malheureusement, le nombre des chômeurs est très élevé.

Chômage structurel

La création d'emploi est capitale pour permettre à chacun de vivre grâce à son travail et de contribuer au progrès du pays. Chaque citoyen doit trouver un cadre qui lui permette à son tour de donner le meilleur de lui-même. Sur ce plan, on pourrait dire que l'Afrique a des potentialités, grâce à ses ressources, de donner à chacun la possibilité de travailler. Malheureusement, le taux de chômage est très élevé. Parmi les causes fondamentales de cette carence figure l'absence de structuration du marché de l'emploi, où l'offre et la demande ne peuvent se rencontrer.

Un emploi comme activité économique produit des richesses pour satisfaire les besoins humains. L'emploi[19]

[19] J.P. DELÉAGE et alii, *Croissance, emploi et développement. Les grandes questions économiques et sociales*, Paris, La Découverte, 2007, p. 67.

désigne aussi la fraction de ce travail qui reçoit une rémunération et qui s'inscrit, dans toutes les sociétés, dans un cadre social et juridique. Il existe plusieurs formes d'emploi : un emploi à durée indéterminée, chez un seul employeur et à temps plein, ce qu'on appelle CDI sous sa forme juridique. A ses côtés existent d'autres formes d'emploi souvent qualifiées de particulières : le contrat à durée déterminée le CDD, le contrat d'intérim où le salarié, embauché par une agence d'intérim, est mis à la disposition d'une entreprise ; la période d'apprentissage ; enfin les emplois aidés qui sont des dispositifs de la politique de l'emploi. Ces formes d'emploi, sont strictement régulées par pays.[20]Plusieurs pays au monde recourent à ces formes particulières de l'emploi pour des raisons multiples. La première renvoie aux modalités de sélection et de formation, le CDD et l'intérim, aujourd'hui passages obligés pour accéder à de nombreux emplois et servant ainsi de période probatoire. Une deuxième renvoie à la volonté de réduire le coût d'usage de travail.[21]

On dira qu'en Afrique, ces structures d'emploi sont presque insignifiantes, inexistantes même. Car les entreprises créent peu d'emplois. De ce fait, le taux de chômage est très élevé. En général, pour définir une personne au chômage, quelques conditions sont posées : être sans travail, être disponible et rechercher effectivement du travail. Si ces conditions permettent à

---

[20] J.P. DELÉAGE et alii, *Op. Cit.* p. 71.
[21] J.P. DELÉAGE et alii, *Op. Cit.* p. 72.

la politique de création d'emploi de diminuer le chômage, ce n'est pas toujours le cas en Afrique, car il ne suffit pas d'être sans travail pour en trouver, ni d'être disponible pour travailler, car l'emploi et son existence sont les conditions de possibilité de la diminution du coût du chômage.

Pour remédier à cette question du chômage, il existe des solutions intermédiaires comme l'indemnisation. En Afrique, on a du mal à y penser quand les salaires eux-mêmes ne permettent pas de relier les deux bouts du mois. Or l'indemnisation du chômage permet d'améliorer les conditions de recherche d'emploi et favorise ainsi la meilleure adéquation de l'emploi trouvé aux préférences et caractéristiques productives du chômeur. Elle recouvre normalement l'ensemble des règles régissant les contacts de travail et par là les modalités d'embauche et de licenciement. Elle serait créatrice de dualisme, entre des *insiders*, bien protégés et des *outsiders*, voire exclus de l'emploi : ces structures, doivent être repensées en Afrique là où elles n'existent pas encore. Ces politiques de l'emploi recouvrent un vaste ensemble de politiques publiques dont l'objectif principal est d'améliorer la situation du marché du travail, en favorisant la création de nouveaux emplois ou la sauvegarde de ceux qui existent. [22]

La politique de l'emploi doit aider à créer des postes de travail nouveaux dans les entreprises, ce qui dépend de la demande de travail et de ses déterminants. Il faut

---

[22] J.P. DELÉAGE et alii, *Op. Cit.* p. 88.

aussi que le profil de ces postes créés corresponde à celui des chômeurs demandeurs d'emplois. Ceci met en jeu la localisation des emplois, la mobilité géographique et professionnelle des chômeurs. Les pays africains doivent réunir les conditions des politiques de l'emploi sinon leur manque favorise la violence, la toxicomanie et la frustration chez des chômeurs qui prendront le gouvernement comme cible de leurs réclamations.

Systèmes de santé précaires

L'Etat doit assumer son rôle de garant pour la sécurité sociale de ses citoyens par la construction d'hôpitaux, et la création de systèmes qui permettent à chacun moyennant cotisation d'être pris en charge en cas de maladie. Malheureusement, la situation sanitaire en Afrique reste une question préoccupante. Le constat est catastrophique. Les hôpitaux, les dispensaires, les centres de santé ne parviennent généralement pas à assurer de façon satisfaisante leurs missions de service public. Les soins qu'ils dispensent ne sont pas toujours adaptés et ne répondent pas aux critères de qualité attendus, que ce soit dans le domaine médical ou dans celui de l'accueil.

Dans certains pays, les dépenses qu'exigent les soins hospitaliers sont si importantes par rapport au pouvoir d'achat des populations, que la majorité des familles s'abstient de tout recours à leurs services, ou au mieux retarde jusqu'au dernier moment un éventuel recours, aggravant ainsi le pronostic et le coût ultérieur des soins requis. Tous les médicaments sont très chers parce que le coût de la vie ne permet pas de subvenir aux besoins du malade. A cause de cela, les catégories sociales les plus favorisées s'écartent de l'hôpital public pour recourir aux services de cliniques privées, où ils retrouvent bien souvent les mêmes praticiens. C'est la raison pour laquelle il y a prolifération de polycliniques, de cabinets privés des mêmes médecins qui sont dans les secteurs publics. Ces tendances font que des hôpitaux publics se transforment en hôpitaux des pauvres, où s'évaporeront les impératifs scientifiques, qui constituent le fondement de la médecine.

Un autre constat important qu'il faut souligner est le non-maintien des matériels et des établissements, car après leur ouverture, les structures sanitaires nouvellement construites ne parviennent pas à assurer la pérennité de leurs investissements et entrent rapidement dans un cycle de dégradation. Ce qui remet en cause au bout de quelques années leurs capacités de fonctionnement. Ces situations ne sont pas sans conséquence. Celles-ci sont considérables non seulement pour les patients hospitalisés, mais aussi pour l'ensemble du système de soins du pays. Car, les structures sanitaires publiques, c'est-à-dire les hôpitaux, n'étant plus capables d'assurer une prise en charge des cas d'urgence, qui sollicitent leurs services, elles cessent de ce fait même d'être la référence, remettant ainsi en cause la fonctionnalité de l'ensemble du système de soins. C'est ainsi que les formations sanitaires de premier niveau que sont les centres de santé et les cabinets médicaux privés assurent l'essentiel de la couverture sanitaire et jouent un rôle majeur dans l'amélioration de l'état de santé des populations. Or leur efficacité repose sur la présence à leurs côtés d'établissements de référence capables d'assurer la prise en charge des patients dont les maladies dépassent leurs compétences.

Comme les moyens et les structures sanitaires deviennent de plus en plus défectueuses, du point de vue de la formation des ressources humaines, les étudiants qui effectuent leur stage à l'hôpital y trouvent des conditions d'exercice de leur futur métier et des exemples de pratiques professionnelles éloignées de correspondre à ce qui leur est enseigné dans le cadre de leur formation théorique.

Du point de vue de la recherche, le manque de motivation des personnels hospitaliers s'ajoute au manque de préoccupation scientifique des hôpitaux. Seuls les hôpitaux à vocation universitaire donnent à la recherche une certaine dimension. Mais elle reste trop souvent limitée à des perspectives de carrière et s'inscrit rarement dans une planification concertée.

Absence dans l'économie mondiale

L'Afrique est un continent en marge et le plus pauvre de la planète. Or sa population ne cesse d'augmenter et la production économique risque d'être insuffisante pour répondre à ses besoins supplémentaires à venir. La question de son développement devient donc cruciale et représente un véritable enjeu international. Quelles sont les caractéristiques des grands secteurs de son économie ?

Depuis presque un demi-siècle, l'Afrique a du mal à décoller. La bonne volonté ne suffit pas. Est-ce le problème des institutions ? Par définition, une institution est un ensemble de règles et de mécanismes qui régissent le comportement des acteurs économiques, politiques et bureaucratiques. Mais des études spécialisées montrent en particulier que l'Afrique a des institutions d'un niveau de qualité très bas et que pour les investisseurs c'est le continent qui présente le plus de risques.

C'est pourquoi il faudrait chercher des mesures qui pourraient aider l'Afrique à améliorer les fondations institutionnelles de son secteur intérieur en vue d'améliorer les relations avec le secteur extérieur. Il faut noter que les politiques et les institutions agissent les unes sur les autres de plusieurs façons. Si les politiques sont le résultat du système institutionnel, ils ne seront que le reflet de ce que sont les institutions. Dans ces conditions, même le choix de la politique économique dépend de la solidité des institutions. Malheureusement, les choix que font certains gouvernements africains ne reflètent pas la situation institutionnelle existante. Pour de nombreux pays, cela revient à utiliser au mieux les moyens dont ils disposent pour remplir les tâches les plus importantes. Cela signifie que les pays dotés de moyens institutionnels faibles ne devraient pas adopter des mesures à coefficient institutionnel élevé. Ce qui est regrettable.

Pour que l'Afrique s'intègre au mieux dans l'économie mondiale, il importe de souligner que les politiques économiques qui sont les siennes se doivent d'investir dans le capital humain et physique, c'est-à-dire dans l'éducation, le transport et la communication. Elles doivent travailler sur les conditions macro-économiques stables, comme le maintien d'un taux d'inflation toujours bas, de taux d'intérêt stables et positifs. Malheureusement tous les gouvernements africains n'ont pas su stabiliser les principaux facteurs macroéconomiques malgré quelques améliorations et renforcements dans les politiques macro-économiques de base.

En effet, les régimes de politique commerciale en vigueur en Afrique depuis l'accession à l'indépendance étaient en fait des régimes intravertis aussi bien dans le domaine des importations que dans celui des exportations. Ces politiques ont conduit à une marginalisation de plus en plus prononcée de l'Afrique dans l'économie mondiale, même si certains pays africains font partie du Commonwealth.

Compte tenu de ces expériences historiques, il n'est pas surprenant de constater que la libéralisation du commerce a occupé une place importante dans les programmes d'ajustement structurel. La supériorité qu'a un régime tourné vers l'extérieur sur un régime tourné vers l'intérieur est de plus en plus acceptée comme un élément clé d'une stratégie de développement visant à stimuler la croissance.

C'est pourquoi, les politiques africaines devraient préconiser l'ouverture sur l'économie mondiale qui donnerait aux nations la possibilité d'exploiter les avantages comparatifs et d'utiliser davantage leurs capacités. Dans ce secteur d'exportation l'Afrique a un potentiel énorme, les exportations constitueraient une source de devises permettant d'améliorer la productivité. L'investissement étranger direct pourrait être une source d'emplois et encourager la modernisation technologique. L'ouverture permettrait également de réaliser des changements techniques grâce auxquels il deviendrait possible d'améliorer la productivité intérieure par le biais des importations.

L'analyse que nous venons de faire sur les exigences du progrès nous conduit à quelques considérations : L'Afrique possède des ressources naturelles du sol et du sous-sol, de la faune et de la flore, elle a d'importantes réserves d'eau. Malheureusement les conditions de vie des populations ne s'améliorent pas, par manque de volonté de ceux qui détiennent le pouvoir, par l'absence des institutions favorables, et par d'autres phénomènes extérieurs. Cette situation reste complexe. Mais si l'on creuse davantage, si l'on va aux causes premières des réalités présentes, on pourra comprendre ce fatalisme. Il existe plusieurs causes du non-progrès de l'Afrique. Nous pouvons les regrouper en deux catégories : exogène et endogène. Du point de vue exogène, le problème remonte à la conférence de Berlin, dont les conséquences se perpétuent aujourd'hui sous des formes nouvelles comme la politique interventionniste et le néocolonialisme économique. A ces causes exogènes, vient se greffer le contrat Chine-Afrique, qui pose de réels problèmes. Tandis que du point de vue endogène, la corruption sous toutes ses formes, le révisionnisme constitutionnel et bien d'autres causes ne permettent pas à l'Afrique de décoller.

Chapitre IV
La conférence de Berlin

Plus d'une source désigne la conférence de Berlin comme un événement majeur à étudier sur la question de l'origine du non-progrès de l'Afrique. Avant ce partage systématique de l'Afrique, la traite des Noirs reste un événement sans précédent dans l'histoire de l'humanité, qui sera transmis à différentes générations, car ses conséquences sont encore néfastes : complexe d'infériorité, mépris identitaire, désintégration culturelle, indifférence totale. C'est normalement par la traite des esclaves, qu'il faut commencer l'étude sur l'origine et de la structure du non-progrès de l'Afrique. Nous renvoyons à ce sujet à l'étude publiée sous le titre[23] *« L'Africanité : de Hegel à l'océan de l'indifférence »*.

Néanmoins, il faut souligner que pendant plus de quatre siècles, l'Afrique est restée en marge du développement et de l'économie mondiale, parce que ses filles et ses fils ont été vendus pour servir comme moyens de développement pour d'autres continents. Ceci explique un sous-développement non seulement

---

[23] MIKI KASONGO, *L'Africanité : de Hegel à l'océan de l'indifférence, Paris, Edilivre, 2015.*

apparent, mais aussi essentiel, ontologique, qui a affecté et continue d'affecter des générations. Il est honnête de mentionner qu'il y a eu quelques efforts pour lutter contre ce commerce des êtres humains, réduits au rang de sous-hommes. C'est le cas en France avec la naissance et la propagande des idées humanistes et en Angleterre avec des organisations abolitionnistes qui militaient contre l'esclavage. Ces idées ont eu une influence sur la morale et ont conduit à la condamnation du commerce des esclaves. Cependant, la traite atlantique ne s'arrêtera pas subitement, elle se poursuivra illégalement jusque vers le début du XXe siècle.

Soulignons que les raisons de l'abolition de l'esclavage ne sont pas qu'humanistes. La naissance de l'industrie y a sa part dans la préférence accordée aux machines sur la main-d'œuvre humaine. Cela précipitera rapidement la fin du commerce humain pour laisser place aux moyens industriels. Donc, il n'y a pas que la philanthropie, mais aussi la maximisation des rendements par l'industrie, qui ont contribué à l'abolition de l'esclavage.

A la fin de l'abolition de l'esclavage, est né en Europe l'esprit de découverte et d'impérialisme culturel ; c'est cet esprit qui poussera beaucoup de scientifiques à l'exploration de l'Afrique, même si des explorations comme celles des Portugais au XVe siècle sont antérieures. Le siècle de la découverte est la période qu'on appelle les trois « C » : *Civilisation, Commerce et*

Christianisation. Ces trois « C » ont constitué pendant longtemps, les fondements de l'idéologie coloniale.

Selon l'idéologie coloniale des « trois C » : Christianisation, Commerce et Civilisation, il était considéré que la religion chrétienne et le commerce amélioreraient la condition des Africains. L'Occident avait un devoir, celui de civiliser les races considérées comme moins développées en leur apportant les bienfaits des progrès techniques, de la médecine, de l'alphabétisation et de la religion chrétienne. Pour Livingstone, le premier « C », le « commerce légitime », devait précéder les deux autres. L'exploration méthodique des territoires africains inconnus du reste du monde pour en définir précisément les caractéristiques et les ressources était ainsi un préliminaire indispensable à la christianisation. Cette conception nouvelle des missions évangéliques, centrée sur l'exploration de territoires vierges de toute présence européenne, constitua un tournant dans l'histoire missionnaire en Afrique ; elle contribua à faire de David Livingstone le symbole d'une certaine agressivité conquérante préfigurant l'impérialisme de la fin du XIXe siècle.

Cette trilogie poussera les grandes puissances de l'époque à organiser et à planifier le partage de l'Afrique : la conférence de Berlin en constitue un événement majeur. Vers la fin du XIXe siècle, les Européens se livreront d'incessantes guerres pour conquérir des territoires. Pour mettre un peu d'ordre et se retrouver autour d'intérêts communs, à savoir la mainmise sur les richesses de ce continent, et l'asservissement de sa population, s'organisa, sous l'impulsion du chancelier allemand Otto von Bismarck, la conférence de Berlin. Celle-ci acta pour le partage des terres africaines sans tenir compte ni des identités ethniques, ni des aires géographiques des populations. Chaque participant à la conférence aura sa part pour le grand malheur des Africains. Lors de cette conférence le sort des Africains a été défini sans eux, parce que considérés à l'époque comme des sous-hommes, des sauvages, incapables de décider, selon Hegel, qui s'exprime dans ses cours peu de temps avant Berlin dans les années 1828-1830.

La relecture des motifs de la conférence de Berlin dépend du côté où l'on se situe. Si l'on est du côté des organisateurs, le motif est humaniste, apporter la civilisation aux peuples qui marchent encore dans les ténèbres, d'un brouillard culturel, et d'établir un commerce avec les pays pauvres pour les aider à s'en sortir. Voilà le développement de la doctrine d'un des trois « C », le commerce, mais il s'agit d'un commerce unilatéral, centré sur l'exportation des ressources naturelles de l'Afrique. Par contre, si l'on se situe du côté opposé, la conférence a affaibli les forces de développement, car désormais l'Afrique sera privée de ses richesses, qui pourtant constituent ses atouts nécessaires pour son développement, nous l'avons précédemment souligné.

La conférence de Berlin, a en réalité abouti à une Afrique découpée et partagée entre les puissances qui s'accorderont en fonction de leurs intérêts, à savoir l'exploitation de l'incommensurable gisement africain, l'occupation de la totalité des terres. Ce découpage, il faut le dire, n'a servi à aucune unité ni tribale ni ethnique des peuples, mais plutôt à des intérêts économiques et hégémoniques. Il a donné lieu à des conséquences qui servent l'idéologie coloniale. C'est le cas des guerres qui continuent à ravager l'Afrique. Pour certains spécialistes dits « de l'Afrique », les guerres sur ce continent sont les fruits des conflits ethniques. Une telle affirmation montre combien est grande la méconnaissance des retombées de ce découpage. Aujourd'hui encore, les multinationales se servent de ces arguments idéologiques pour l'exploitation de l'Afrique, car nul n'ignore que certaines guerres sont orchestrées pour des intérêts typiquement économiques.

Les frontières sont arbitraires, elles provoquent et justifient hier comme aujourd'hui de nombreuses guerres fratricides. Ce schéma se justifie encore aujourd'hui dans certains pays comme le Soudan Nord et Sud, au Nigéria, au Congo-Kinshasa, au Niger, en RCA, etc.

Les historiens le disent : la conférence de Berlin, a marqué le passage de la violence esclavagiste à une régulation colonialiste tout aussi violente. Cette continuité a été macabre, avec des pratiques négrières et toutes sortes d'atrocités et crimes contre l'humanité.

Ainsi entre autres dans les territoires du Congo où ses sbires de Léopold II devaient justifier l'efficacité de leurs armes à feu, en présentant les mains coupées de leurs victimes selon le fameux principe : « une balle, une main ».

En parlant de la triple exigence du progrès, ressources, créativité, et cadre institutionnel, l'Afrique a été complètement sacrifiée. A la traite des esclaves, ses enfants ont été déportés pour travailler dans les champs de coton, de cannes à sucre. A la conférence de Berlin, ce sont ses ressources minières qui sont pillées par un commerce unilatéral. De ce fait même, elle perd une double exigence en vue du progrès. Comment la conférence de Berlin ne serait-elle pas alors l'évènement fondateur du non-progrès pour le continent africain ?

La liberté de commerce

Avant l'arrivée des explorateurs, l'Afrique centrale était déjà traversée d'Est en Ouest par les routes caravanières. Le XIXe siècle marque un tournant important pour l'histoire de l'Europe. A cette époque, le mot « colonie » prend le sens qui sera le sien dans les années 1960 lors des indépendances. Pendant une partie du siècle, le sens ancien persistera : on a surtout affaire à des colonies de peuplement comme aux Etats-Unis ou les gens d'origine étrangère représentent très vite la majorité de la population. Cependant, dans les premières années du XIX e siècle, les contacts entre l'Europe et l'Afrique revêtent encore surtout le visage du commerce des esclaves, dont la revente en Amérique permet d'acquérir des denrées comme le coton, le tabac, le sucre, etc., qui sont d'un bon rapport en Europe. Il s'ajoute le commerce des matières premières comme l'ivoire, l'or, les pierres précieuses. Le commerce colonial découle directement d'une évolution. Le phénomène qui l'engendrera directement est la traite négrière, car il naquit.de la cessation de celle-ci. La traite négrière est la première forme du commerce régulière qui exista entre l'Europe et l'Afrique, par l'invention des outils permettant d'entreprendre des voyages à longue distance. Il est clair qu'après l'interdiction de la traite négrière, ses différents acteurs se convertissent dans la nouvelle forme de commerce, car la nature ayant peur du vide cherche des moyens pour le combler. Il est clair que le même schéma d'évacuation des esclaves sera gardé pour la liberté de commerce lors de la colonisation : l'océan Atlantique en passant par les fleuves Congo et Niger. Ce n'est qu'ainsi que commença le commerce unilatéral.

Cette réorganisation devait toucher plusieurs domaines : militaire, administratif, fiscal et législatif ; pour faciliter également la réalisation des infrastructures permettant la fluidité du commerce. Ce commerce devait trouver son épanouissement par la mise en place de certains mécanismes : les maisons de commerce, ses ramifications qui allaient des comptoirs aux colporteurs, en passant par des succursales. Il consistait en deux principales opérations : l'importation et l'exportation. La première consistait à introduire des produits issus de la métropole, des colonies voisines et d'autres pays, produits alimentaires, textiles, etc. Quant à l'exportation, elle concernait tous les produits des colonies vers les métropoles. C'était de droit que les colonies donnaient leurs richesses aux métropoles, et paient par-dessus le marché les lourdes taxes importantes.

La transformation des produits bruts se faisait uniquement en métropole où elle créait de l'emploi. Toutes les structures étaient bien étudiées pour que les unités de transformation servent à la création de l'emploi en métropole, cependant que dans les colonies, les emplois étaient destinés aux étrangers et non pas aux autochtones. Le commerce se pratiquait sur des voies de communication de grande diversité. Ces voies allaient des chemins de fer aux voies routières en passant par les voies fluviales. Le chemin de fer était la première voie de communication du point de vue du volume de marchandises transportées de l'intérieur des colonies vers les embouchures, des embouchures vers les métropoles. Cette analyse du commerce organisé par la conférence de Berlin, montre comment dès le départ, le non-progrès africain trouve sa genèse, sa structure dans cet événement historique majeur de la Conférence.

Le caoutchouc rouge et la mort noire

Le personnage le plus frappant qui ait marqué l'histoire du commerce en Afrique à la période coloniale, est le roi Léopold II. Car les spécialistes de l'histoire coloniale sont unanimes à son sujet, il a bafoué toutes les valeurs humanistes et contredit tous les objectifs inscrits dans la charte de la conférence. C'est à ce juste titre qu'il mérite une analyse particulière. Le contexte historique montre qu'à la disparition de David Livingstone, Stanley chargé de le retrouver, traverse le Zanzibar pour le Nord du lac Tanganyika et la plaine de la Ruzizi. Puis Stanley organise une autre expédition où il descend le Lualaba et arrive à l'embouchure du Congo. Celle-ci appartenait en principe à l'empire colonial portugais, qui était déliquescent à cette époque. Après plusieurs tractations, grâce à la conférence de Berlin, le Congo devint la propriété privée du roi Léopold II.

Cependant, alors que l'article premier de la charte de la Conférence de Berlin disposait : *« le commerce de toutes les nations jouira d'une complète liberté »*, et que l'article cinq proclamait solennellement : *« Toute puissance qui exercera des droits de souveraineté dans les territoires susvisés ne pourra y concéder ni monopole ni privilège d'aucune espèce en matière commerciale »*, Léopold II mit en place un monopole commercial féroce duquel toutes les nations signataires se trouveraient exclues. L'article neuf de la conférence affirmait : *« conformément aux principes du droit des gens tels qu'ils sont reconnus par les pays signataires, la traite des esclaves est interdite et les opérations qui, sur terre ou sur mer, fournissent des esclaves à la traite devant également être considérées comme interdits »*, Léopold II allait de nouveau bafouer les principes humanistes et philanthropiques en mettant en place un système de travail obligataire proche de l'esclavage.

Le système colonial établi par Léopold II atteignit un degré élevé de brutalité, le massacre fit dix millions de morts. C'est là le pire crime de l'histoire coloniale, bien qu'il y en ait eu d'autres ailleurs qu'au Congo. La géographe et historienne Louise Marie Diop Maes livre à ce propos un témoignage terrifiant de la mise en esclavage des Congolais : *« Les porteurs n'étaient pas nourris et parcouraient 80 à 100km, tiraillés par la faim ; ils arrivaient exténués et malades. Pour éviter le recrutement des porteurs, les populations fuyaient n'importe où. Les désertions étaient punies par la chicotte jusqu'à l'emprisonnement, l'amende, la déportation, la mort. Afin d'obtenir coûte que coûte les indispensables porteurs, femmes et enfants furent pris en otage par dizaines, enfermés dans les cases et intentionnellement non nourris jusqu'à ce que les hommes se fussent présentés. Un pourcentage inconnu d'entre eux mourut ainsi de la faim sur place, dans les lieux de détention. Or les mêmes procédés furent utilisés pour faire rentrer les impôts ».*

Le système colonial obligeait tous ceux qui habitaient le long du fleuve et des rivières de pagayer pour les administrateurs coloniaux, de couper le bois, de fournir des vivres et volailles aux administrateurs occidentaux qui travaillaient pour le compte de Léopold II. Les plantations faites par les habitants étaient perquisitionnées pour devenir propriétés du roi. En cas de contestation, les populations étaient massacrées, les villages incendiés. La pire des corvées imposées aux Congolais était sans doute la livraison obligatoire d'une quantité déterminée de caoutchouc. Dès le matin, les hommes et les femmes devraient récolter et procéder aux longues opérations de lavage de racines secrétant le latex d'herbes, par opposition au caoutchouc d'hévéa. Toutes les fois que les populations s'enfuyaient pour se cacher des travaux obligatoires de récolte de caoutchouc, ils étaient recherchés et emprisonnés. Délogés, épuisés, les villageois ne plantèrent plus rien : la famine, les maladies, la mort s'installèrent et les décimèrent comme des mouches. Les cadavres étaient déterrés pour être mangés, et les moins malades en vinrent à achever les plus atteints pour les manger.[24]

Apprenant ce qui se passait au Congo, une commission internationale et indépendante dirigée par Edmond Janssens fut nommée et constituée (1904-1905). Quand la commission se rendit au Congo, le rapport fut effrayant. Il affirme la surexploitation de la main d'œuvre indigène comme au temps de l'esclavage. Les agents coloniaux travaillant sans surveillance sous le compte du roi des Belges, faisaient tout dans une volonté de destruction, selon le rapport de la commission internationale.

Le cas de Léopold II en est un parmi bien d'autres. Cependant, l'une des conséquences majeures de la conférence de Berlin qui affecte directement l'homme, c'est la désintégration culturelle. A la rencontre de la

---

[24] . Cf. L. M. DIOP- MAES, *Afrique noire, sol, démographie et histoire*, pp. 240-241.

culture étrangère et de la culture de l'Afrique, plusieurs mutations se sont faites en bien comme en mal.

La désintégration culturelle[25]

La rencontre entre la civilisation occidentale et les milieux dit non-civilisés selon la charte de la conférence de Berlin, n'a pas produit les fruits attendus. Elle a dans certains domaines, fait preuve de compréhension des cultures, d'échange de savoir, on pourrait dire aujourd'hui d'un effort d'interculturalité. Mais dans plusieurs autres cas, ce fut la relation du maître et de l'esclave, de l'exploitant et de l'exploité qui prédominait. De ce fait même, dans une certaine hiérarchisation, une culture était au-dessus de l'autre, c'est-à-dire que le colonisateur apportait sa culture pour civiliser l'indigène. Dans ces conditions, la rencontre de l'occident civilisé et de l'Afrique indigène n'a contribué qu'à la désintégration culturelle et identitaire des Africains.

La désintégration culturelle est très grave car par elle, c'est la dignité, la valeur, l'estime de l'être qui sont détériorées, c'est un destin historique qui est menacé d'extinction. La désintégration a commencé son chemin depuis l'esclavage, elle est passée par la falsification de

---

25 Pour des expressions comme *« désintégration culturelle, expropriation, appropriation, désappropriation, aliénation, mort culturelle, sans-abri culturel*, nous nous sommes inspiré de l'article d'ENGELBERT MVENG, *Mort ou survie culturelle*, in « *Ethiopiques numéro spécial, Revue socialiste de culture négro-africaine*, 70ème anniversaire du Président L. S. Senghor novembre 1976.

l'histoire, la négation de l'être, elle se poursuit. En effet ce n'est pas un pessimisme de dire que les civilisations disparaissent. Valéry l'a dit « toutes les civilisations sont mortelles », la civilisation négro-africaine aussi. L'unique façon d'assurer la survie d'une civilisation dans l'histoire, c'est de prendre conscience des menaces qui pèsent sur elle et de leur trouver des remèdes. Il ne suffit pas non plus de se réclamer de cette civilisation négro-africaine, même si certaines consciences l'ont niée et continuent à la nier jusqu'à douter même de son existence.

De même que la colonisation a contribué à la désintégration de la culture africaine, le danger qui guette les générations actuelles est de vouloir se contenter juste des seules miettes qui en restent par une espèce de syncrétisme ordonné. Il ne faut pas être comme ceux qui font un mélange d'un peu de toutes les cultures et les civilisations du passé. La culture africaine est passée par plusieurs phases : la désappropriation, l'aliénation, l'annihilation partielle et même totale.

Il importe de revenir sur le phénomène de désappropriation culturelle pour en analyser les conséquences. Quand un peuple se défait consciemment ou non de son propre héritage culturel, art, langue etc., c'est lui-même qui disparaît. C'est le cas de certains pays d'Afrique où les chefs ont brulé leur héritage culturel unique au monde parce que jugé inférieur par d'autres. Ce phénomène a été et est encore présent dans certains milieux africains où les langues étrangères ont supplanté les locales. Les conséquences de ce phénomène sont lourdes par le fait qu'on perd ses racines identitaires pour vivre uniquement de valeurs d'emprunt ou de remplacement par peur du vide.

Il est court en effet, le chemin qui mène de la désappropriation à l'auto-liquidation culturelle. La désappropriation commence par nous rassurer sur la maîtrise de nos choix : on vend son héritage culturel, on apprend de nouvelles langues au détriment des siennes ; on commence ensuite par minimiser sa propre histoire et son utilité, les traditions culturelles de son milieu et on finit par être un « sans-abri culturel et identitaire ». On vivra de la mendicité de la substance culturelle d'ailleurs, c'est une auto-liquidation. Pour éviter d'être le fossoyeur de sa propre culture et de son identité, l'Africain est invité à s'approprier cet héritage de façon responsable en l'intégrant dans sa vie.

Peut-on affirmer que la conférence de Berlin avait bien planifié l'expropriation de la culture africaine dans le but de la manipuler, de la falsifier ? Il est difficile de répondre à cette question par un oui ou un non. Néanmoins, s'il faut passer par les faits réels, on pourrait de façon affirmative le confirmer. Mais c'est sous la réserve que nous le disons. Si la désappropriation reste une cause endogène, c'est-à-dire qui relève de la volonté des Africains d'abandonner leur culture devant la culture du dominant, du plus fort, cependant, l'expropriation est exogène, brutalement imposée par celui qui a le pouvoir. Elle est un processus complexe car il ne s'agit pas seulement de priver le propriétaire de son héritage, il y a un transfert de sa propriété ; le premier propriétaire, c'est-à-dire le propriétaire légitime est dépossédé de sa culture, selon Engelberg Mveng, et c'est celui qui s'en empare qui en devient maître et peut en faire ce qu'il veut : modifier, manipuler, falsifier, etc. La connaissance ne vient plus du premier propriétaire mais de celui qui en devient maître par expropriation. Ailleurs cette expropriation s'institutionnalise : quand en Afrique on se bat pour décider s'il faut en écrire l'histoire, ailleurs on cherche des fonds pour en exhumer histoire, culture de l'Afrique et même l'écrire à leur manière. Quand ailleurs on cherche à apprendre les langues africaines, en Afrique on interdit aux enfants de parler les langues maternelles. Quand ailleurs, on construit des musées pour conserver l'art africain, dans certains pays en Afrique, il n'existe aucun musée. Quand en Afrique les « tradi-praticiens » sont traités de sorciers, ailleurs on commence à apprendre la médecine traditionnelle africaine. C'est à ce niveau que se croisent la désappropriation et l'expropriation.

Par l'expropriation, le nouveau propriétaire devient maître de tout, il en use comme il veut, parce que volontairement l'autochtone s'est désapproprié.

La désintégration culturelle peut amener à l'aliénation. L'Afrique est devenue étrangère aux Africains, qui deviennent demandeurs même de leur propre histoire et de leur culture, ce sont des « sans-abri culturel et identitaire ». La colonisation a institutionnalisé l'aliénation sous le nom d'assimilation, et ce fut un échec. Il faut pourtant reconnaître que les armes de l'aliénation sont puissantes et efficacement redoutables. La colonisation a fait un travail énorme chez les Africains pour les mettre à douter même de leur propre identité et de leurs valeurs culturelles, elle a été un vrai travail de lavage de cerveau. Parmi les armes de l'aliénation, figurent des messages d'auto-négation, de dépersonnalisation, d'autodestruction. Toutes les activités, de la vie sont téléguidées jusqu'à créer de simples marionnettes. Le jugement critique devient presque inefficace et la croyance en est affectée.

De la colonisation à la désintégration culturelle, en passant par la désappropriation, l'expropriation et l'aliénation, y a-t-il une espérance ? Pour que l'espérance se fonde, il faut la foi. Car l'espérance se fonde sur la foi et celle-ci sur l'histoire. Ce n'est que de cette manière que nous pouvons conserver notre héritage culturel. Prendre conscience de nous-mêmes, veut dire lutter contre toute forme de désappropriation culturelle, s'approprier l'histoire, l'éducation et la transmission du savoir pour résister à l'expropriation ; intégrer les jeunes dans l'appropriation et la conservation du patrimoine culturel, cela leur évitera de devenir des « sans-abri culturel et identitaire ». Pour éviter de s'enfermer dans l'ethnocentrisme, les Africains doivent comprendre que toutes les civilisations sont créées les unes pour les autres, c'est-à-dire pour toute l'humanité. Mais en même temps pour contribuer au processus inter-civilisationnel, il faut offrir une contribution particulière, une spécificité. C'est là qu'il faut être soi contre toute auto-négation, toute dépersonnalisation.

D'après notre analyse, la conférence de Berlin se perpétue jusqu'à nos jours sous des formes nouvelles telles que l'interventionnisme et le néocolonialisme économique. Quel lien peut-on établir entre la conférence de Berlin et ses formes nouvelles de la politique extérieure à l'Afrique ? Le lien est simple. Lors de la conférence de Berlin, les motifs étaient marqués par un apport civilisationnel et culturel, mais tout s'est soldé par l'exploitation d'êtres humains et des ressources naturelles. Aujourd'hui encore par l'interventionnisme et le néocolonialisme économique des multinationales, c'est l'exploitation des vies humaines et des ressources naturelles de l'Afrique qui se perpétuent. Il y a juste quelques changements de paradigme, mais la politique reste fondamentalement la même. Ce lien pourrait paraître fallacieux chez certains, mais si l'on fait une analyse objective, on se rend compte de sa vérité.

Chapitre V
Causes exogènes du non-progrès

Revenir sur notre thèse principale nous permettra de mieux comprendre la structure de notre argumentation. Pour que le progrès se réalise dans un pays ou un continent, une triple exigence s'impose : avoir des ressources naturelles, une créativité intelligente et un cadre institutionnel favorable. En analysant le cas de l'Afrique, nous venons de montrer comment depuis la conférence de Berlin l'Afrique est réellement privée des atouts principaux du progrès : ses ressources naturelles. Certes, après avoir été condamné, ce système de pillage des ressources naturelles est réapparu sous de nouvelles formes : le néocolonialisme économique et la politique interventionniste. Ces deux systèmes sont tellement bien organisés qu'ils dissimulent leur ruse, il faut un travail d'herméneutique pour le décrypter.

En effet, pour comprendre le sens de la décolonisation[26], il faut d'abord définir le colonialisme. Ce dernier, selon les termes de Claude Liauzu[27], est une doctrine politique qui prône l'exploitation par la

---

[26] HÉLÉ BÉJI, *Nous, décolonisés*, Paris, Arléa, 2007.
[27] C. LIAUZU, *L'histoire de l'Anticolonialisme en France du XVIe siècle à nos jours*, Paris, Armand Colin, 2007, p.13.

métropole des territoires sous-développés qu'elle a pris en charge à son seul profit ou au profit unique des éléments métropolitains installés dans ces territoires. Si le colonialisme a été condamné, c'est parce que, comme système, il est mauvais en soi et contribue à l'exploitation de l'homme par l'homme.

Le mouvement de décolonisation[28] a été annoncé par plusieurs circonstances internes et externes. En interne, la situation était tendue entre la politique intérieure à l'Afrique et la politique extérieure, outre les relations entre la métropole et les colonies. Pendant toute la période coloniale, l'Africain n'a travaillé ni pour son développement, ni pour la transformation de son milieu de vie, mais seulement pour contribuer à l'amélioration des conditions de vie de son maître.

De plus, il a été considéré comme un sous-homme[29], sans histoire, limité dans ses désirs et dans ses

---

[28] B. DROZ, *Histoire de la décolonisation au XXe siècle*, Paris, Le Seuil, 2009.

[29] Le premier livre de Frantz Fanon n'est pas seulement un extraordinaire document psychologique et historique sur la révolte du colonisé. Après la guerre d'Algérie, après la décolonisation – qui a laissé de côté les Antilles, première patrie de l'auteur – , "Peau noire, masques blancs" garde toute sa valeur prophétique, car le racisme, malgré les horreurs dont il a comblé le monde, reste un problème non résolu. Il est ici abordé et combattu de front, avec toutes les ressources des sciences de l'homme, et avec la passion brûlante de celui qui allait devenir un pionnier de la révolution algérienne et un maître à penser pour beaucoup d'intellectuels des peuples sous-développés. Mais, à travers la lutte des consciences, c'est vers la dignité de soi et la liberté de tous que s'élève Frantz Fanon dans une conclusion qui est un cri

possibilités. Cette situation nourrissait en lui une révolte, qui l'amènera à se soulever contre le pouvoir colonial. Trois facteurs ont contribué à ce soulèvement : premièrement les dirigeants issus des élites autochtones. Ces élites ont été formées dans les écoles occidentales. S'étant rendus compte du décalage entre l'enseignement reçu en Occident sur les droits de l'homme et le traitement que subissaient leurs peuples dans les colonies, ils se soulevèrent contre ce traitement, ces injustices. Cela montre bien la prise de conscience de vouloir prendre en main la destinée de leurs peuples. Cette prise de conscience contribuera au soulèvement des nationalistes contre le colonialisme.

En second lieu, il y eut aussi des facteurs externes qui déclenchèrent en Occident le mouvement anticolonialiste. Il s'agit de la position des puissances comme les Etats-Unis et l'Union soviétique. L'après-Seconde Guerre mondiale est aussi le moment où le monde voit les centres de pouvoir se déporter nettement de l'Europe vers les États-Unis et l'URSS. C'est dans ce sens que l'on peut comprendre que les États-Unis, pour leur part, encouragent discrètement les mouvements indépendantistes, à condition qu'ils n'aient pas partie liée avec le communisme. L'URSS soutient elle aussi les mouvements indépendantistes en lutte contre l'impérialisme.

La Première Guerre mondiale avait contribué à ébranler les empires coloniaux et à favoriser la naissance

---

inoubliable. Cf. F. FANON, *Peau Noire, masques blancs*, Paris, Le Seuil, coll. « Points », 1952.

de mouvements nationalistes luttant contre la domination coloniale. C'est véritablement elle qui fut un accélérateur considéré comme un catalyseur du mouvement d'émancipation des peuples colonisés. La Deuxième Guerre mondiale fut l'occasion de côtoyer des « frères d'armes » africains, car plus d'un million d'Africains y furent mobilisés. Est-ce signe d'égalité ou juste une finalité d'intérêt politique pour les transformer en bouclier humain ? Pour les Africains de l'après-guerre, celle-ci a permis de rompre avec le rapport déséquilibré du colonisé à son « maître », à tel point, par exemple, qu'en Guinée le retour des anciens combattants fut le prélude de grèves, d'émeutes dans les camps de démobilisation et d'une contestation de l'autorité des chefs coloniaux.

Troisièmement enfin, le rôle de l'Organisation mondiale des Nations-Unies et le programme du président Wilson ont contribué à la décolonisation. L'ONU devenait de plus en plus hostile au colonialisme au fur et à mesure que des pays nouvellement indépendants en devenaient membres. Depuis la révolution de 1917, l'Union soviétique s'était faite le défenseur des peuples dans les colonies. La victoire des communistes en Chine, pays qui avait le statut de semi-colonie, représentait un encouragement et un soutien de poids pour tous les mouvements nationalistes, notamment lors de la guerre d'Indochine.

Quant au président Wilson, son programme de paix mentionnait explicitement l'auto-détermination des peuples, ce qui inspira et légitima les mouvements anticolonialistes et nationalistes africains. Dans le prolongement, les années 1930 voient la montée de formes de résistance et de syndicalisation qui déboucheront ultérieurement sur les indépendances. La décolonisation comme mouvement de réaction contre le colonialisme était-elle réaliste ? L'économie occidentale se ferait-elle sans l'Afrique et ses matières premières ? C'est dans ces conditions que sont nés le néocolonialisme économique et la politique interventionniste. Ces deux systèmes sont les ramifications, le prolongement des idées de la conférence de Berlin. Leur analyse sera utile.

La politique interventionniste

Pour éviter tout amalgame, soulignons que toute activité en Afrique ne relève pas d'une politique interventionniste telle que nous devons la développer. Il faut donc faire quelques concessions. Il a existé et il existe encore des organismes, des organisations non gouvernementales partout en Afrique, désignés comme « africanophiles ». Au cours de l'histoire, il y a des personnes qui étaient pris de passion pour ce continent ; ils se sont souciés du développement de l'Afrique et continuent à œuvrer pour une meilleure destinée de ses populations. Certains investissent et donnent leur vie pour l'amélioration des conditions de vie. C'est le cas des explorateurs, des chercheurs, des missionnaires catholiques et protestants, des scientifiques, qui ont contribué à promouvoir la vie dans cette partie de la planète. Cependant, dans la catégorie des africanophiles, deux groupes coexistent. Le premier pense qu'il faut en finir avec la logique de l'aide, de l'assistance qui ne serait que la perpétuation de la domination historique, et préconise d'aider les Africains dans le but de leur permettre de voler de leurs propres ailes. Le deuxième groupe pense le contraire, c'est-à-dire qu'il faut continuellement aider les Africains, parce qu'ils sont incapables de se développer eux-mêmes. Cette assistance, ponctuelle ou prolongée, revêt plusieurs formes, dont la politique interventionniste est la plus visible de nos jours.

La politique interventionniste préconise l'ingérence d'un Etat dans les affaires intérieures d'un autre État ou dans un conflit entre États. Cette politique vise à intervenir en cas de guerres, de conflits entre Etats pour apporter une aide militaire, et s'installer en Afrique pour plusieurs années jusqu'à la fin des conflits. Mais entre temps, une exploitation des ressources minières se fait en contrepartie des services militaires. C'est le cas de plusieurs pays en guerre actuellement en Afrique : le Congo-Kinshasa, la RCA, le Mali, le Niger, le Nigéria et bien d'autres. Cette politique interventionniste ne concerne pas que les pays africains, elle est appliquée partout où les intérêts économiques sont mis en jeu. Elle a plusieurs conséquences concernant le progrès de l'Afrique. Elle fragilise les valeurs de la démocratie et contribue au sous-développement, notamment en entretenant l'immaturité politique des Etats. Elle tue la liberté d'expression et contribue à pérenniser le colonialisme par le pillage de ressources. La politique interventionniste arrive même à bafouer les élections, la souveraineté nationale. Car si généralement, nous pensons que ce sont les peuples qui se choisissent les dirigeants, malheureusement pour la plupart des pays africains, leurs dirigeants y sont d'abord choisis dans la classe politique par une élite extérieure. Le critère de sélection serait la non-compromission des intérêts politico-économiques des pays qui financent les élections. Si le candidat peut compromettre ces intérêts, qu'il soit voulu et préféré par le peuple, il ne sera pas élu. Il est fâcheux que ceux qui exaltent la démocratie en soient les fossoyeurs.

En effet, cette politique interventionniste est entretenue par des concepts médiatiques masqués : aide militaire, secours aux pays en péril, sécurité des ressortissants étrangers. Dénoncer cette politique interventionniste a coûté la vie à plus d'un leader africain comme Patrice Emery Lumumba, Laurent Désiré Kabila, Thomas Sankara, etc. Pour montrer que cette politique interventionniste est contre les valeurs démocratiques comme la liberté d'expression, deux discours requièrent notre attention : celui de Lumumba devant le roi Léopold II et celui de Thomas Sankara à la tribune de l'ONU.

Voici le discours prononcé le 30 juin 1960 Lumumba : *« Combattants de l'indépendance aujourd'hui victorieux, Je vous salue au nom du gouvernement congolais. À vous tous, mes amis qui avez lutté sans relâche à nos côtés, je vous demande de faire de ce 30 juin 1960 une date illustre que vous garderez ineffaçablement gravée dans vos cœurs, une date dont vous enseignerez avec fierté la signification à vos enfants, pour que ceux-ci à leur tour fassent connaître à leurs fils et à leurs petits-fils l'histoire glorieuse de notre lutte pour la liberté.*

Car cette indépendance du Congo est proclamée aujourd'hui dans l'entente avec la Belgique, pays ami avec qui nous traitons d'égal à égal. Nul Congolais digne de ce nom ne pourra jamais oublier cependant que c'est par la lutte qu'elle a été conquise, une lutte de tous les jours, une lutte ardente et idéaliste, une lutte dans laquelle nous n'avons ménagé ni nos forces, ni nos privations, ni nos souffrances, ni notre sang.

C'est une lutte qui fut de larmes, de feu et de sang, nous en sommes fiers jusqu'au plus profond de nous-mêmes, car ce fut une lutte noble et juste, une lutte indispensable pour mettre fin à l'humiliant esclavage qui nous était imposé par la force.

Ce que fut notre sort en 80 ans de régime colonialiste, nos blessures sont trop fraîches et trop douloureuses encore pour que nous puissions les chasser de notre mémoire.

Nous avons connu les ironies, les insultes, les coups que nous devions subir matin, midi et soir, parce que nous étions des nègres. Nous avons connu le travail harassant exigé en échange de salaires qui ne nous permettaient ni de manger à notre faim, ni de nous vêtir ou de nous loger décemment, ni d'élever nos enfants comme des êtres chers…Qui oubliera qu'à un noir on disait 'Tu', non certes comme à un ami, mais parce que le 'Vous' honorable était réservé aux seuls blancs !

Nous avons connu nos terres spoliées au nom de textes prétendument légaux, qui ne faisaient que reconnaître le droit du plus fort. Nous avons connu que la loi n'était jamais la même, selon qu'il s'agissait d'un blanc ou d'un noir, accommodante pour les uns, cruelle et inhumaine pour les autres. Nous avons connu les souffrances atroces des relégués pour opinions politiques ou croyances religieuses : exilés dans leur propre patrie, leur sort était vraiment pire que la mort elle-même. Nous avons connu qu'il y avait dans les villes des maisons magnifiques pour les blancs et des paillotes croulantes pour les noirs ; qu'un Noir n'était admis ni dans les cinémas, ni dans les restaurants, ni dans les magasins dits 'européens' ; qu'un Noir voyageait à même la coque des péniches aux pieds du blanc dans sa cabine de luxe. Qui oubliera, enfin, les fusillades où périrent tant de nos frères, ou les cachots où furent brutalement jetés ceux qui ne voulaient plus se soumettre au régime d'une justice d'oppression et d'exploitation !...

Pour Patrice Lumumba, l'indépendance était totale ou ne l'était pas. Les nouvelles relations d'égal à égal entre le Congo et la Belgique furent le leitmotiv. Il mit un point d'honneur à rappeler au roi des Belges, que son gouvernement serait vigilant quant à l'application des nouveaux traités de coopération. Son patriotisme déclaré lui valut d'être définitivement qualifié de dangereux et d'ennemi politique. D'autant plus qu'il conçut le développement de son pays dans une vision panafricaine. Son défi fut de faire du riche et immense Congo le centre du rayonnement de l'Afrique, pour rendre à l'homme sa dignité et son épanouissement par le travail librement consenti. Dénoncer ainsi le système d'exploitation de l'homme par l'homme serait une offense grave. C'est dans ce sens qu'on pourrait comprendre que dénoncer l'impérialisme est considéré comme un sacrilège. Lumumba comme tant d'autres versa son sang pour la vérité. Lumumba était dérangeant parce qu'il n'a pas voulu coopérer, car selon l'interventionnisme, il faut coopérer pour ne pas dépérir.

Vingt-quatre ans après le discours de Lumumba, vient celui de Thomas Sankara dans un autre contexte. Le 4 octobre 1984, Sankara s'adresse à la Trente-neuvième session de l'Assemblée générale des Nations Unies. Nous avons choisi quelques extraits de ce long discours.

« Monsieur le Président

Je n'ai pas ici la prétention d'énoncer des dogmes. Je ne suis ni un messie ni un prophète. Je ne détiens aucune vérité. Ma seule ambition est une double aspiration : premièrement, pouvoir, en langage simple, celui de l'évidence et de la clarté, parler au nom de mon peuple, le peuple du Burkina Faso ; deuxièmement, parvenir à exprimer aussi, à ma manière, la parole du "Grand peuple des déshérités", ceux qui appartiennent à ce monde qu'on a malicieusement baptisé Tiers Monde. Et dire, même si je n'arrive pas à les faire comprendre, les raisons que nous avons de nous révolter. Tout cela dénote l'intérêt que nous portons à l'ONU, les exigences de nos droits y prenant une vigueur et la rigueur de la claire conscience de nos devoirs…

Reconnaître donc notre présence au sein du Tiers Monde c'est, pour paraphraser José Marti, "affirmer que nous sentons sur notre joue tout coup donné à n'importe quel homme du monde". Nous avons jusqu'ici tendu l'autre joue. Les gifles ont redoublés. Mais le cœur du méchant ne s'est pas attendri. Ils ont piétiné la vérité du juste. Du Christ ils ont trahi la parole. Ils ont transformé sa croix en massue. Et après qu'ils se soient revêtus de sa tunique, ils ont lacéré nos corps et nos âmes. Ils ont obscurci son message. Ils l'ont occidentalisé cependant que nous le recevions comme libération universelle. Alors, nos yeux se sont ouverts à la lutte des classes. Il n'y aura plus de gifles...

Je parle au nom de ces millions d'êtres qui sont dans les ghettos parce qu'ils ont la peau noire ou qu'ils sont de culture différente et bénéficient d'un statut à peine supérieur à celui d'un animal. Je souffre au nom des Indiens massacrés, écrasés, humiliés et confinés depuis des siècles dans des réserves afin qu'ils n'aspirent à aucun droit et que leur culture ne puisse s'enrichir en convolant en noces heureuses au contact d'autres cultures, y compris celle de l'envahisseur.

Je m'exclame au nom des chômeurs d'un système structurellement injuste et conjoncturellement désaxé, réduits à ne percevoir de la vie que le reflet de celle des plus nantis. Je parle au nom des femmes du monde entier, qui souffrent d'un système d'exploitation imposé par les mâles. Pour ce qui nous concerne, nous sommes prêts à accueillir toutes les suggestions du monde entier, nous permettant de parvenir à l'épanouissement total de la femme burkinabè (...) Je crie au nom des journalistes qui sont réduits soit au silence, soit au mensonge pour ne pas subir les dures lois du chômage. Je proteste au nom des sportifs du monde entier dont les muscles sont exploités par les systèmes politiques ou les négociants de l'esclavage moderne(...)

Monsieur le Président,

J'ai parcouru des milliers de kilomètres. Je suis venu pour demander à chacun de vous que nous puissions mettre ensemble nos efforts pour que cesse la morgue des gens qui n'ont pas raison, pour que s'efface le triste spectacle des enfants mourant de faim, pour que disparaisse l'ignorance, pour que triomphe la rébellion légitime des peuples, pour que se taise le bruit des armes et qu'enfin, avec une seule et même volonté, luttant pour la survie de l'humanité, nous parvenions à chanter en chœur avec le grand poète Novalis :

"Bientôt les astres reviendront visiter la terre d'où ils se sont éloignés pendant nos temps obscurs ; le soleil déposera son spectre sévère, redeviendra étoile parmi les étoiles, toutes les races du monde se rassembleront à nouveau, après une longue séparation, les vieilles familles orphelines se retrouveront et chaque jour verra de nouvelles retrouvailles, de nouveaux embrassements ; alors les habitants du temps jadis reviendront vers la terre, en chaque tombe se réveillera la cendre éteinte, partout brûleront à nouveau les flammes de la vie, les vieilles demeures seront rebâties, les temps anciens se renouvelleront et l'histoire sera le rêve d'un présent à l'étendue infinie". A bas la réaction internationale ! A bas l'impérialisme ! A bas le néocolonialisme ! A bas le fantochisme ! Gloire éternelle aux peuples qui luttent pour leur liberté ! Gloire éternelle aux peuples qui décident de s'assumer pour leur dignité ! Victoire éternelle aux peuples d'Afrique, d'Amérique latine et d'Asie qui luttent…

La politique interventionniste dénoncée par Lumumba comme par Sankara est un système qui utilise toutes les méthodes pour imposer une vision du monde calquée sur les intérêts économiques et politiques. Si une nation résiste, la technique de domination se transforme en dette, c'est la logique de force du capitalisme. Parmi les meilleurs moyens de la politique des dettes, il faut citer ces organisations satellites : l'Organisation mondiale du commerce, la Banque mondiale, le Fonds monétaire international. Par ailleurs, depuis que la Chine a signé de nouveaux contrats avec l'Afrique, ces organisations satellites voient se perdre leurs marchés et leur hégémonie. C'est pourquoi certains dirigeants africains ne savent plus à quels saints se vouer : à la Banque Mondiale, à la Banque chinoise ? Le danger qui les guette dans ces circonstances est de céder à la corruption. Voilà pourquoi des pays qui disposent de ressources minérales ou pétrolières comme le Gabon, l'Angola, le Libéria, la République démocratique du Congo et bien d'autres, sont aux mains de véritables castes qui luttent entre la corruption et l'honnêteté.

En parlant d'une triple exigence pour le progrès de l'Afrique, nous avions insisté sur la créativité des Africains comme l'une des conditions pour sortir du non-progrès. La politique interventionniste est un frein pour cette exigence. Car l'Africain ne peut s'en sortir seul, il lui faut l'aide extérieure. La solution contre l'interventionnisme ne viendra ni de l'Orient ni de l'Occident, mais de l'Afrique d'abord. L'Afrique doit d'abord arriver à voler de ses propres ailes avant de compter sur les autres.

Aujourd'hui, beaucoup d'Africains sont convaincus que le continent est capable de gérer ses conflits sans aide extérieure, mais d'autres hésitent encore et jugent indispensable et salutaire l'interventionnisme économique et politique. Cependant, pour Thabo Mbeki, par exemple, l'interventionnisme aggrave les conflits et constitue un frein pour le développement du continent. Pour l'ex-président sud-africain, les crises en Côte d'Ivoire, en Lybie, au Mali font ressortir une tendance dangereuse de l'interventionnisme, cette politique qui croit tout faire pour trouver des solutions aux conflits dont elle est la cause efficiente. Thabo Mbeki trouve illégale cette manière de procéder, car les pays africains doivent céder une partie de leur souveraineté pour obtenir la paix et la sécurité. Ils paient davantage, car les conditions qui leur sont données dépassent les frontières. Certaines puissances promettent d'intervenir dans les conflits africains en contrepartie de l'or, du diamant, de l'uranium, du coltan : les preuves en sont évidentes pour les guerres en cours dans l'Ouest et le centre de l'Afrique.

Une autre cause exogène au non-progrès africain reste à souligner, le néo-colonialisme économique. Si la politique interventionniste nourrit et maintient l'immaturité politique, le néocolonialisme économique met en péril la première exigence du progrès : les ressources naturelles, indispensables pour qu'un pays ou un continent se développe. Si la politique interventionniste étouffe la créativité de l'Africain, le néocolonialisme vient renforcer le pillage systématique des richesses naturelles de l'Afrique. Par une politique des dettes, par une mobilisation des multinationales, le néocolonialisme économique s'est totalement installé en Afrique.

Le néo-colonialisme économique

Le néocolonialisme est un concept qui, à partir des années 1960, désigne les diverses tentatives d'une ex-puissance coloniale qui cherche à maintenir par des moyens détournés ou cachés une domination économique, culturelle et même politique. Pour le cas particulier de l'Afrique, il s'agit principalement d'une domination fondée sur des politiques commerciales, économiques et financières, qui de *facto*, permettent un contrôle des pays du tiers-monde, proche du colonialisme traditionnel.

Les anciennes puissances tentent encore par différents moyens de maintenir leur présence dans les anciens empires coloniaux, notamment en ce qui concerne l'accès aux matières premières. Par extension, le terme néocolonianisme est utilisé pour qualifier les politiques d'institutions financières internationales comme la Banque mondiale, le Fonds Monétaire International, qui, par leur choix d'accorder ou non des prêts ou des aides économiques, contraignent les pays pauvres à prendre des mesures structurelles qui accroissent la pauvreté tout en favorisant les intérêts financiers des pays riches et des multinationales. Le néocolonialisme économique désigne aussi une forme plus floue des rapports d'une domination économique, constituée par l'exploitation des richesses d'un pays au bénéfice préférentiel d'un autre. Par le néocolonialisme, certains pays cherchent à tout prix à avoir une mainmise sur les ressources naturelles d'autres pays, surtout des plus pauvres. De toutes ces définitions, une idée émerge : il s'agit bien d'une exploitation des ressources naturelles de l'Afrique.

Dans cette politique, la répartition des ressources entre riches et pauvres est inégale et injuste. Certaines gardent le monopole de transformation des matières premières, fixent le prix et dominent le marché, tandis que d'autres sont incapables de sortir de ces conditions de vie difficiles et finissent par croupir dans la misère. Cette division explique la croissance continue des inégalités entre pays développés et pays sous-développés.

C'est que, pour maintenir ces inégalités et cette politique du néocolonialisme économique, tous les moyens sont bons. Des structures comme le FMI et la Banque Mondiale contraignent les pays africains à avoir un budget en équilibre, sans que cela influe beaucoup sur leur misère. Ces organisations satellites font tout pour alourdir les dettes des pays pauvres, qu'ils veulent rester pauvres. Si pour certains l'Afrique est indépendante, c'est une illusion, car la politique extérieure est présente sous deux nouvelles facettes, celle de l'interventionnisme et celle du néocolonialisme économique. La gestion du continent africain devient incontrôlable du fait de cette mainmise. Il y a désormais confusion des sphères. La politique nationale a moins de pouvoir devant la politique extérieure. Celle-ci surveille et dicte les lois. De ce fait même, les décisions des nationaux sont étudiées par les instances de la politique extérieure. C'est ainsi que l'on peut remarquer que l'exploitation des ressources naturelles de l'Afrique est entre les mains de firmes étrangères, succursales de grandes entreprises. Cela soulève quelques questions : ces firmes s'installent-elles d'elles-mêmes en Afrique ou ont-elles l'aval des dirigeants africains ? A qui profite le revenu de ces sociétés transnationales ? Les centres de décision de ces entreprises se trouvent à l'extérieur des pays, et leur politique protéiforme prend rarement en considération l'intérêt de la nation où elles sont implantées. Par leur marge de manœuvre, liée à leur importance et aux possibilités de reconversion sur d'autres pays en cas de difficultés, ces entreprises sont en grande partie indépendantes des décisions des pouvoirs nationaux. Parmi ces sociétés transnationales qui exploitent les ressources naturelles de l'Afrique, citons Glencore. Il est le deuxième trust minier du monde, dont le siège est à Zug, en Suisse. En Zambie, Glencore possède les *Mopani Copper Mines.* Le gouvernement de Lusaka l'accuse de manipuler les chiffres pour échapper aux taxes et aux impôts zambiens ; même problème au Katanga. Glencore n'est pas seul dans son activité de faussaire.

Au Mali où le FMI a contraint l'État à privatiser son industrie aurifère, Bouygues gère le personnel à travers sa filiale. Les conditions sont épouvantables : travail douze heures par jour, six jours sur sept, précarité institutionnalisée, non-paiement des heures supplémentaires, des congés, des primes de risque, harcèlement continuel des responsables syndicaux, surveillance permanente des employés, vexations en tout genre, accidents du travail à répétition. C'est également le cas des Plantations du Haut-Penja (PHP), entreprise franco-américaine, premier producteur de bananes du Cameroun. Elle fait travailler ses ouvriers quatorze heures par jour, et bien que cette entreprise les paie en dessous du salaire minimum, elle les expose aux risques sanitaires à cause de l'utilisation de pesticides.

Le cas du Sud-Soudan est très récent. Il possède des réserves de pétrole du pays et en 2011, le Soudan a dû lui accorder l'indépendance sous la pression des Occidentaux. Un accord a été signé en janvier 2013 entre le Sud-Soudan et les multinationales auxquelles leurs voisins refusent de vendre du pétrole. Voilà qui éclaire d'un jour nouveau les actions humanitaires de l'impérialisme et du néocolonialisme économique. Mais d'autre part, l'indépendance du Sud-Soudan est considérée par certains analystes comme une défaite de la Chine qui avait soutenu pendant vingt-deux ans Omar El-Béchir, accusé en 2009 de génocide et de crimes de guerre au Darfour par la Cour pénale internationale, pour cette unique raison qu'il s'opposait aux ordres des puissants.

Aujourd'hui, pour arriver à piller librement les ressources naturelles, les multinationales s'arrangent pour modifier certains codes miniers qui ne facilitent pas la tâche, grâce d'une part à la collaboration des dirigeants africains, qui se laissent corrompre au détriment de leur peuple. D'autre part, les multinationales orchestrent des rébellions, des guerres ou des soulèvements contre des gouvernements hostiles à leurs projets machiavéliques, pour les déstabiliser politiquement. Pour ces sociétés transnationales, tous les moyens sont bons pour atteindre leurs objectifs. Elles instrumentalisent des conflits régionaux ou locaux pour obtenir ou conserver des marchés et des concessions. Coups d'Etat, tentatives de putsch, renversements de pouvoir, rébellions, remous politiques, déstabilisation. C'est le cas du Nigéria, et du Congo Kinshasa avec le *coltan* qui transite par le Rwanda.

Le *coltan* (colombite-tantalite) est un minerai contenant du tantale, métal très prisé, excellent conducteur d'électricité, malléable et très résistant à la corrosion. Le tantale est surtout utilisé dans la fabrication de condensateurs pour les équipements électroniques, notamment les téléphones portables. La région du Kivu détiendrait entre 60 et 80 % des réserves mondiales de coltan. S'il faut moins de 2 grammes pour la fabrication d'une dizaine de téléphones, cet or gris est un minerai très recherché, au cœur des conflits armés du Congo Kinshasa, qui ont déjà fait plus de dix millions de ces morts, dont on ne parle pas.

Les multinationales favorisent le pillage des matières premières, car très officiellement elles combattent la prolifération de mesures gouvernementales mises en place par les pays en développement et émergents pour contrôler l'accès à leurs ressources. Ces dispositifs sont perçus par les multinationales comme des restrictions d'exportations et des distorsions au commerce mises en place par les pays pauvres.

On oublie très souvent dans les médias de rappeler la situation des pays qui possèdent du pétrole. Ces pays se voient soumis au pouvoir des multinationales pétrolières. Depuis des décennies, les compagnies interviennent dans la vie politique et économique des pays concernés. Elles sont responsables de violations massives des droits humains, elles encouragent les circuits de corruption, et contribuent à la destruction de l'environnement. Ces multinationales ou transnationales commettent des crimes ou contribuent à en commettre et beaucoup d'entre eux restent impunis, parce que ces sociétés travaillent avec des gouvernements. Les crimes sont parfois équivalents à des crimes de guerre ou des crimes contre l'humanité, sans être reconnus comme tels. Ces sociétés tirent beaucoup de profit de l'exploitation des travailleurs, en pillant des ressources naturelles et en s'appropriant les biens communs de l'humanité. Malheureusement des Africains ont peur de condamner ces sociétés transnationales parce que leur vie en dépend.

Ainsi donc, on peut tirer de lourdes conséquences de ce néocolonialisme économique. Son essence est que l'Etat qui le subit, reste théoriquement indépendant et possède les apparences extérieures de la souveraineté, mais en fait son système économique et sa politique sont dirigés du dehors. Le peuple n'y est pas maître de ses destinées ; son sort est réglé selon les convenances d'étrangers agissant dans leur propre intérêt. Le plus souvent c'est par des moyens économiques et financiers que le contrôle néo-colonialiste s'exerce, mais il peut aussi s'appuyer sur des bases militaires ou sur la présence de conseillers militaires, économiques ou politiques.

Si la plupart des pays du Tiers Monde sont aujourd'hui politiquement indépendants, peu d'entre eux peuvent se dire économiquement souverains. Il n'est évidemment pas question d'indépendance économique absolue, cette perspective théorique ne peut qu'alimenter les débats d'idées ou nourrir les passions politiques, puisqu'aucun pays n'est aujourd'hui absolument indépendant sur le plan économique, pas même les plus grands ; il s'agit plutôt du degré d'autonomie de la politique économique nationale et du niveau de participation aux décisions de la politique internationale qui concernent la nation.

Dans cette perspective relativiste, on peut néanmoins constater que les pays sous-développés sont actuellement dominés d'une manière spécifique, qui diffère totalement des rapports entre pays industriels, même de puissance très inégale.

L'Afrique se trouve devant une situation difficile, faut-il changer de paradigme ? Ce continent se trouve noyauté par un lourd passé qui se perpétue par l'interventionnisme et le pouvoir économique des multinationales. Les Africains cherchent à s'en sortir. Faut-il trouver un nouveau modèle de coopération ou diversifier désormais son économie qui dépend trop souvent des mêmes matières premières, et apprendre à les transformer pour ne plus les vendre brutes ? Une chance pour sortir de ce schéma traditionnel du commerce Nord-Sud serait-il pour ce continent, l'émergence économique des pays comme la Chine, l'Inde le Brésil, et la Russie, ceux-ci offrant de nouvelles alternatives au continent ? Cette concurrence peut-elle équilibrer le rapport de force entre l'Afrique et le monde extérieur.

Parmi les pays émergents qui pourraient équilibrer ce rapport de force, nous pouvons citer la Chine. Parce que depuis quelques décennies, cette dernière devient le partenaire privilégié des Africains. Ces contrats Chine-Afrique offrent-ils une possibilité de sortir l'Afrique du sous-développement ou une occasion de plus pour l'enfoncer? Voyons en quoi cette nouvelle coopération entre la Chine et l'Afrique soulève beaucoup d'interrogations aujourd'hui.

Chapitre VI
Chine-Afrique, illusion du progrès ?

Depuis quelques décennies, pour sortir du non-progrès, l'Afrique s'est tournée vers un nouveau partenaire économique, qui paraît « différent » : la Chine. Celle-ci veut traiter les affaires avec l'Afrique, dans une relation d'égal à égal. Elle présente ainsi pour les Africains un espoir pour deux raisons : la première, la Chine n'a pas un passé lourd avec l'Afrique. Et deuxièmement, elle veut changer le type de relation : ce n'est plus la relation du maître et de l'esclave, de l'exploitant et de l'exploité dont souffre depuis longtemps ce continent, mais une relation fondée sur l'échange des services et des compétences. Tout cela parait intéressant. Mais est-ce une chance ? Quelles sont les intentions cachées de la Chine ? Jusqu'où les Chinois iront-ils dans cette relation ?

L'implantation de la chine en Afrique remonte déjà à quelques années. La chine est devenue un nouveau géant économique. Sa situation au cœur de l'Asie orientale, son espace immense, son poids démographique, sa percée économique et commerciale en Afrique et ses réussites économiques lui confèrent une importance exceptionnelle dans le monde. Pour de nombreux intellectuels et hommes politiques africains, la Chine est le partenaire économique qui permettrait au continent africain de sortir du sous-développement et de rattraper le retard économique, social et culturel dans lequel il est envasé depuis plusieurs années. Face à cette nouvelle confiance, la Chine est en train d'imposer sa présence en Afrique. Une politique de coopération économique et commerciale sino-africaine dans l'esprit du « gagnant-gagnant » progresse de façon régulière.

La Chine est le pays le plus peuplé du monde et l'un des plus grands producteurs et consommateurs de produits agricoles. Le pays se place en tête dans la production mondiale de céréales, riz, coton, pommes de terre, thé. En matière d'élevage, la Chine domine également la production d'ovins, de porcins, et de produits de la mer.

Le secteur minier occupe une place importante dans l'économie chinoise, le sous-sol y étant riche en ressources énergétiques. La Chine possède d'importantes réserves en charbon, qui représentent les deux tiers de la consommation totale d'énergie primaire. Elle figure comme un leader mondial dans la production de divers minerais (étain, fer, or, phosphates, zinc et titanium), et possède d'importantes réserves pétrolières et gazières. Les secteurs de l'industrie manufacturière et de la construction contribuent à près de la moitié du PIB de la Chine. La Chine est devenue une des destinations préférées pour la relocalisation d'unités de fabrications globales en raison d'une main-d'œuvre bon marché, même si le coût de cette main-d'œuvre est en augmentation. L'émergence économique a coïncidé principalement avec le développement d'un secteur manufacturier compétitif et tourné vers l'exportation. Plus de la moitié des exportations chinoises sont réalisées par des entreprises à capitaux étrangers.

Le secteur des services est encore en retrait, encombré par des monopoles publics et des réglementations contraignantes. Dans certains pans de l'économie, la Chine s'est rendue incontournable en Afrique, remportant notamment une grande part des contrats de construction (routes, ponts, aéroports, lotissements…). En la matière, elle œuvre dans des délais et à des coûts imbattables. En échange des prêts à taux concessionnels octroyés à ses partenaires pour financer les projets, la Chine signe d'avantageux contrats d'approvisionnement en matières premières. C'est là une stratégie « gagnant-gagnant ». La Chine n'hésite pas à mettre les moyens de ses ambitions sur la table, au mépris du risque de ré-endettement des pays concernés.

Côté africain, la Chine est souvent plébiscitée, car son offensive brise le monopole des firmes européennes, et crée une profitable concurrence. Pékin dépasse cependant largement les infrastructures et les ressources naturelles. La concurrence concerne tout le tissu économique.

Il serait cependant réducteur de croire que les pays africains jouent aveuglément le jeu de Pékin en suivant ses directives tels des élèves trop dociles. Les ressources naturelles colossales de l'Afrique, dont la Chine a plus que jamais besoin pour maintenir son essor, constituent une véritable arme de négociation. C'est aux dirigeants africains, auxquels Pékin déroulait le tapis rouge lors du sommet organisé pour les Pays africains, qu'il incombe aujourd'hui d'envisager une meilleure affectation des moyens exceptionnels apportés par les investissements chinois.

L'influence de la Chine sur le continent s'est d'abord limitée à l'obtention de ressources agricoles, minières et énergétiques puis à celle de marchés publics importants. Le rapport note que les acteurs économiques et politiques chinois ont mis en place un ensemble d'aides et de système de troc avantageux. Dans une seconde étape plus récente, la Chine a encouragé la délocalisation de certaines de ses industries de main d'œuvre dans les pays d'Afrique.

Soulignons que ces contrats « gagnant-gagnant » entre la Chine et les Africains ne sont pas bien vus et pour plusieurs raisons. Il est facile d'élaborer une étude comparée entre les multinationales œuvrant en Afrique et la Chine. Les multinationales ont une logique du partenariat entre les pays riches et les pays pauvres. Elles s'inscrivent dans l'optique d'aide aux pays pauvres pour les sortir de la misère. Or ces pays africains possèdent tous les atouts pour accéder au progrès, ce qui les intéresse c'est le rapport gagnant-gagnant et non pas celui de l'exploitant et de l'exploité. Si la présence de la Chine apparaît comme une libération, pour les uns, pour d'autres par contre elle est une menace contre le schéma traditionnel du commerce entre les pays développés et les sous-développés. Quant à la Chine[30], contrairement à ces multinationales, elle déploie sa coopération, comme nous l'avons dit, au nom de la solidarité « Sud-Sud », de la tradition afro-asiatique, de la situation partagée de nations historiquement dominées, qui entretiennent des rapports « amicaux », sur un même pied d'égalité, de « gagnant-gagnant ».

Notons aussi que, derrière le voile de la coopération « gagnant-gagnant », les acteurs chinois sont globalement mus par des intérêts économiques : accès aux ressources naturelles africaines, aux marchés. Contrairement à une certaine logique, la Chine ne pose pas de conditions à son aide en termes de politiques et d'orientations économiques. Pas plus qu'elle n'a d'exigence vis-à-vis de ses partenaires en termes de démocratie, de transparence dans l'usage des fonds, etc. Sa politique de coopération se fonde sur la « non-ingérence », le « non-interventionnisme » dans les affaires intérieures des pays africains.

Du point de vue du développement strictement économique, la présence de la Chine en Afrique est avantageuse pour l'Afrique sous certains aspects. La

---

[30] S. MICHEL, M. BEURET, *La Chinafrique, Pékin à la conquête du continent noir*, Fayard/ Pluriel, 2010, p. 147.

demande chinoise dope les prix des matières premières, ce qui améliore les termes de l'échange et les recettes d'exportation des pays africains, et les nouvelles relations sino-africaines contribuent à réintroduire l'Afrique dans les flux internationaux du commerce formel, dont elle s'est trouvée à l'écart plusieurs décennies durant. En effet, si l'on considère le sort des pays africains avec leurs ressources naturelles, c'est lamentable de constater que les ressources naturelles de l'Afrique vont sans traçabilité ailleurs.

Il convient de souligner toutefois que ces relations économiques sino-africaines, bien qu'avantageuses, restent quand même problématiques et demandent beaucoup de prudence de la part des dirigeants africains. Parce que la Chine cherche à sécuriser son économie, son rang au plan mondial, les contrats « gagnant-gagnant » sont illusoires, car l'Afrique risque de rester pauvre. Concrètement, l'Afrique reste cantonnée presque exclusivement dans un rôle de fournisseur de matières premières (pétrole, minerais, bois, coton, etc.), ce qui a pour effet de renforcer sa place défavorable dans la division internationale du travail. Par sa relation avec la Chine, l'Afrique doit se préparer aux conséquences dues à la responsabilité historique de l'Occident sur elle. Si l'Afrique a depuis toujours alimenté le marché occidental, maintenant qu'il y a la Chine, un nouveau partenaire économique, les ressources devraient être partagées. Cela ne semble pas facile pour l'Afrique. C'est le cas le plus récent où le FMI et la Banque Mondiale ont contraint Kinshasa à rompre avec les contrats chinois, moyennant une contrepartie : l'annulation de ses dettes.

Sur le plan social, politique et environnemental, c'est l'intrusion de la Chine en Afrique qui pose le plus de problèmes. En effet, les droits sociaux des travailleurs africains employés par les entreprises chinoises sont régulièrement bafoués, car ils sont sous-payés. Les entreprises chinoises ne font preuve que de très peu de responsabilité sociale. Si la préoccupation des Chinois pour les normes sociales sont faibles, il en va de même pour les normes environnementales qui sont systématiquement négligées dans la quête des ressources naturelles et la mise en œuvre des projets d'infrastructure comme les routes, les voies-ferrées, les barrages, etc. La présence de la Chine en Afrique constitue-t-elle un avantage pour le développement de l'Afrique ? Oui et non ! La politique africaine de la Chine ne doit être, il me semble, ni diabolisée ni idéalisée. La réponse doit être nuancée. Sous certains aspects, cette politique est préférable par rapport à d'autres en matière de coopération avec l'Afrique, sous d'autres aspects, elle est pire.

Les relations de l'Afrique avec la Chine sont plus avantageuses parce que l'Afrique cesse d'être le pré carré des multinationales. La présence de la Chine en Afrique fait naître entre partenaires du développement une concurrence salutaire. D'aucuns soulignent par ailleurs que l'aide de la Chine est plus complémentaire que concurrentielle. Sur le plan symbolique aussi le regard africain est positif dans le sens où les Chinois se caractérisent le plus souvent par l'absence de préjugés. Mais ces considérations positives ne doivent pas exclure la prudence, car les Africains ne savent pas si les Chinois n'ont pas des vues cachées sur l'Afrique. Ce qui replongerait ce continent dans une situation chaotique.

Parmi les causes exogènes du non-progrès de l'Afrique, nous avons cité la conférence de Berlin, prolongée aujourd'hui sous des formes nouvelles comme le néocolonialisme économique et la politique interventionniste. Les Africains se disent dépouillés de leurs ressources qui les aideraient à progresser. Ils se déresponsabilisent par le fait même. Il importe de voir les choses objectivement et logiquement. Les Africains sont eux aussi responsables du non-progrès à cause de la corruption chez certains, du révisionnisme constitutionnel chez d'autres, et du manque de création des institutions stables. Il me semble que la responsabilité dans ce fatalisme de l'Afrique est partagée.

Chapitre VII
Causes endogènes

Si l'on analyse objectivement la situation présente de l'Afrique, il importe de souligner qu'il y a une part de responsabilité qui incombe aux Africains. Ils sont les fossoyeurs de la situation lamentable et catastrophique de leur continent. De toutes les causes endogènes nous retenons deux : la corruption et dans toutes ses facettes et le révisionnisme constitutionnel.

1. Le fléau de la corruption

Il serait excessif et même déplacé de parler de la corruption en Afrique de façon générale, comme si l'Afrique entière partageait la même situation et au même degré. Ce phénomène de corruption qui contribue au non-progrès varie d'un pays à l'autre et même au sein d'un même pays. Il change de visage selon le niveau organisationnel, hiérarchique, et même institutionnel. Les scandales politico-financiers ne sont pas qu'africains, ils sont mondiaux, du Nord au Sud, de l'Est à l'Ouest. Si les phénomènes de la corruption sont universels, les conséquences ne sont pas les mêmes ici et là. On le constate bien dans une société aux ressources limitées, la corruption y est encore plus catastrophique pour le développement économique, pour le respect de la dignité de la personne humaine, pour la qualité de vie, la crédibilité des institutions.

S'il existe plusieurs définitions de la corruption, nous en retenons une seule qui semble exhaustive. La corruption est l'abus d'une position publique en vue d'un intérêt privé. Il y a corruption lorsqu'il y a une possibilité d'interaction avec le public et que tout service, tout contrôle, tout acte administratif, toute sanction, sont monnayables et éventuellement ouvertes à de transactions occultes. Ce phénomène peut prendre d'autres formes plus contraignantes comme celles qui utilisent la force comme levier principal ; il y a des cas où les échanges de services et de faveurs revêtent une forme de corruption. Ainsi donc, la corruption est l'abus à des fins privées du pouvoir reçu en délégation. Ses champs de prédilection sont la politique, l'économie, le social, etc.

La corruption a été réduite à ce qui est économique, au « pot-de-vin », comme on dit. Or elle a plusieurs caractéristiques. Elle peut être un échange social, c'est-à-dire lorsque la corruption s'applique aux rapports avec le monde politique, administratif ou judiciaire, elle engendre en son sein une sorte de favoritisme en contaminant la gestion publique. Elle est aussi perceptible sous la forme du népotisme. Cette forme renvoie à la prégnance des relations de parenté au sein de la famille étendue, qui impose à l'acteur public de faire profiter les membres de sa parenté de son accès privilégié aux ressources publiques. Le népotisme[31] est un favoritisme, car les postes publics sont distribués, non selon la compétence et le mérite, mais selon la parenté ; le recrutement est en priorité réservé aux parents. En Afrique, dans certaines sociétés ou entreprises, il arrive que le chef recrute selon ses objectifs personnels ou en attente d'une loyauté à son égard. Le tribalisme, le régionalisme sont des formes de favoritisme dans la corruption.

Si toutes ces caractéristiques sont développées en Afrique, comme partout dans le monde, c'est que la corruption est un vice qui menace continuellement l'homme, si celui-ci ne l'évite ni ne le combat. Si en Afrique la corruption favorise aujourd'hui les investissements improductifs, c'est parce que les Africains ne luttent pas assez contre la corruption, ils la cultivent même. C'est ce qui conduit au déclin de la qualité de tout service et de toute production sous contrôle public. La corruption ralentit le progrès économique et social, ce qui cause des dommages importants aux pays pauvres ou en voie de développement.

Par la corruption, les richesses naturelles, biens communs des Africains sont détournées, au profit de quelques-uns, d'une oligarchie au pouvoir et de leurs proches. La corruption contribue en ce sens à la pauvreté. Elle continue de priver les Africains de jouir

[31] L.M. MORFAUX, *Vocabulaire de la philosophie et des sciences humaines*, Paris, Armand-Colin, 2011, p.374.

de leurs richesses, de priorités sociales comme la sécurité alimentaire, un emploi digne, la santé, l'éducation. Elle empêche ainsi l'amélioration de la qualité de vie des Africains. De ce fait même c'est un mal moral qu'il faut détruire jusqu'à sa dernière racine avant qu'il n'infecte toute la société. Les Africains doivent se rendre compte que les conséquences de la corruption minent la légitimité des gouvernements, l'efficacité des institutions publiques et désagrègent toutes les valeurs éthiques et culturelles subsistantes de leur peuple.

En politique, en échange de leur loyauté, les membres du gouvernement sont protégés par des autorités qui les parrainent. Certains paient des dessous de table aux membres de leurs gouvernements. Il existe des sociétés privées qui ne paient pas des taxes parce qu'elles dépendent de dirigeants politiques. Dans des circonstances aussi variées, les biens ne sont pas déclarés et versent ainsi dans la fraude fiscale. Beaucoup de campagnes politiques sont entachées d'irrégularité. Les élections sont souvent exposées à la corruption, non seulement par le biais de la fraude électorale mais aussi par la façon dont les élites africaines veulent se maintenir au pouvoir. C'est ainsi que grâce à la corruption, le système politique injuste, dictatorial, peut prolonger un mandat par l'achat de voix, ce qui nuit à la jeune démocratie africaine.

Des pots-de-vin, des versements occultes, des cadeaux sont offerts aux agents du public par les hommes d'affaires qui surfacturent les importations ou sous facturent les exportations. C'est le cas des contrats miniers africains avec les multinationales. Ces transnationales se mettent au-dessus de toutes les lois nationales avec la complicité des dirigeants africains. Ces sociétés multinationales qui ont comme étendard les droits de l'homme, dont l'amélioration de ses conditions de vie, sont les premières à user des antivaleurs, le non-respect de la dignité de la personne humaine par l'exploitation de l'homme par l'homme. Le cas typique est celui de l'Est du Congo Kinshasa, où les multinationales sont les premières à bafouer les contrats miniers sous de faux prétextes.

En Afrique, il semble que tous les domaines soient infectés par ce virus. Même dans le domaine judiciaire. Les décisions concernant des cas soumis à la justice sont prises avant que les personnes ne soient passées en jugement, soit en accord avec des directives venues du gouvernement en place, soit que les juges aient été soudoyés. C'est pourquoi il existe deux interprétations de la loi : une pour les riches, une autre pour les pauvres. Les riches achètent par avance le jugement même s'ils sont coupables et perdants, mais ce sont les pauvres qui sont écroués. Ces analyses peuvent paraître excessives, mais elles gardent leur pertinence du point de vue épistémologique et logique.

Nous avons précédemment parlé du népotisme. Revenons-y pour ce qui concerne l'Afrique et remontons aux origines, à la racine du phénomène.

L'éducation africaine traditionnelle enseigne le respect de la famille étendue. Cette dernière joue un rôle irremplaçable dans la formation, la socialisation et la personnalisation de l'enfant. C'est ainsi qu'on parle de loyauté envers le groupe ou envers la famille. On apprend à élargir dès le jeune âge à des groupes étendus les horizons, les satisfactions et les préoccupations. L'individualisme atomisé est condamné, parce qu'on ne doit pas vivre coupé de la réalité du groupe. Le népotisme est un vice en Afrique parce qu'il met en danger la valeur du mérite personnel. On engage les gens non parce qu'ils méritent, mais parce qu'ils sont parents. Même s'ils ne sont pas compétents.

La sagesse africaine dit que *« nous sommes nés les uns pour les autres »*, c'est-à-dire que nous devons être solidaires. L'Africain l'a en tête, il faut aider celui qui est dans le besoin. De ce fait, il n'y a plus de distinction entre mérite et favoritisme, compétences et parenté. Tout est confondu et se mélange. C'est de cette façon que l'on assiste à des nominations dans les fonctions publiques de parents sans mérite ni compétence, parce que le devoir de solidarité l'exige. Il arrive même que des postes soient promis moyennant une rémunération partagée, c'est-à-dire que celui qui t'engage a droit à la moitié de ton salaire pendant un temps.

La corruption devient un virus qui gangrène la société africaine sur tous les plans et à tous les niveaux. Il en va ainsi tant dans les entreprises privées que publiques. Pour les fonctionnaires chargés de réguler la circulation dans les villes, c'est une corruption visible. Ils ne se gênent pas pour demander aux usagers de la route de subvenir à leurs besoins parce que l'Etat ne le peut. Quelquefois ils abusent de leur pouvoir et de leur arme pour molester ceux qui craignent d'être punis injustement. Ces activités qui semblent pratiquées de manière isolée, si elles le sont à grande échelle, les conséquences en sont catastrophiques. C'est pourquoi au népotisme qui gangrène l'Afrique se greffent assez souvent des préjugés sociaux, fondés, eux aussi, sur l'appartenance tribale, ethnique ou régionale. Au plan individuel avec le regard occidental, on dirait que la famille africaine étendue freine le progrès de celui qui en supporte la charge. Même au niveau social, le prix du tribalisme népotique est lourd car, du moment où l'on s'attache à des individus médiocres, en leur confiant des responsabilités pour lesquelles ils ne justifient pas de compétence, on arrive à des situations désastreuses.

Par ailleurs, en faisant de la fonction publique, des sociétés et des entreprises une sorte de domaine familial où personne ne rend pas compte à personne, les responsables africains en sont arrivés à créer des effectifs pléthoriques mais le paiement reste médiocre et affecte même la qualité du travail. Au-delà des aspects moraux, la corruption doit être contenue pour des raisons pratiques. L'Afrique, en cherchant à améliorer les conditions de vie des habitants, et à construire une démocratie solide et non pas dictée de l'extérieur, doit lutter contre les ravages de cette corruption. Pour mieux y parvenir, les dirigeants doivent mettre sur pied des normes éthiques qui doivent être prises comme des principes de base fondés sur la responsabilité. Tous les citoyens d'un pays, sans exception, sont responsables de leurs décisions et de leurs actions envers le public. Ils doivent se soumettre à tout contrôle nécessaire dans le cadre de leurs fonctions. Ils doivent de ce fait même être transparents et ouverts. Contre toute forme de népotisme, de régionalisme, en fonction publique, toute prise de décision doit être basée sur les compétences.

Par honnêteté, les fonctionnaires ont le devoir de déclarer les intérêts privés qui sont liés à l'exercice de leur fonction. Mais tout ce que nous venons de dire dépend de manière intrinsèque de l'amélioration des conditions de vie des travailleurs : si rien n'est fait par le gouvernement, la corruption persistera, car chacun veut pour sa rémunération jouer le rôle de l'Etat. Malheureusement, la plupart du temps, les autorités politiques ne pensent qu'à elles et à leurs proches au détriment de l'intérêt commun.

Il est évident que la corruption a pris en Afrique depuis longtemps plusieurs aspects. Nous venons d'en présenter quelques-uns, mais en voici un autre qui devient de plus en plus récurrent : le détournement des fonds destinés aux travaux publics, le détournement des salaires des ouvriers. Le détournement est le fait qu'une personne dépositaire de l'autorité publique ou chargée d'une mission de service public, un comptable, dépositaire ou l'un de ses subordonnés, détruise, détourne un acte ou un titre, ou des fonds publics ou privés, ou des effets, pièces ou titres en tenant lieu, ou tout autre objet qui lui a été remis en raison de ses fonctions ou de sa mission. C'est un acte puni normalement par le code pénal dans chaque pays. Mais, quand la corruption a atteint les instances judiciaires elles-mêmes, le code pénal devient lettre morte.

Le manque de systèmes bancaires efficaces pour le paiement des salariés dans beaucoup de pays constitue un handicap et favorise le détournement des fonds, alors que l'expérience prouve que le paiement par les banques limite le détournement des salaires vers des destinations inconnues. Dans de nombreux pays quand les reliquats des paiements étaient effectués directement sur la base de listes établies par les services de comptabilité, ils allaient frauduleusement à des agents fictifs, et en particulier à des faussaires qui mettaient leurs noms sur les listes de paiement. Il existe encore en Afrique des lieux où le paiement ne se fait pas par l'intermédiaire des banques, et c'est là une porte ouverte aux détournements de fonds.

Cependant, il ne faut pas non plus perdre de vue que les banques fonctionnent grâce aux hommes. Ces moyens de paiement peuvent fermer quelques portes ouvertes à la corruption et au détournement mais en ouvrir d'autres, si le système bancaire n'est pas transparent. C'est pourquoi, il faut de la rigueur et des sanctions judiciaires contre toute fraude ou tentative de vol par tous les moyens. Car les fonds publics ou privés peuvent être détournés par le système bancaire.

Si l'Afrique ne veut pas mourir, elle doit employer des moyens juridiques forts, sérieux, pour lutter contre la corruption. Plusieurs champs propices à la corruption doivent être repensés et déconstruits pour éviter que ne s'étende le mal qui gangrène le progrès. Les Africains doivent désormais mettre fin au système organisé du pillage de ses ressources, en refusant de céder par exemple aux contrats miniers malveillants des multinationales ; en revoyant ceux qui sont proposés actuellement par la Chine. Ce fléau doit être combattu à la racine, et ce n'est qu'ainsi que l'Afrique sortira de ce gouffre, ce n'est qu'en combattant la corruption qu'elle peut mener à bon port la destinée des Africains. Un deuxième fléau en action depuis plusieurs années déjà, c'est le révisionnisme constitutionnel en vue de prolonger le mandat. C'est un mal qui fragilise la démocratie, l'alternance politique. Cette alternance est une force pour les institutions d'un pays, mais son contraire produit des systèmes institutionnels défectueux pour le progrès.

2. Le révisionnisme constitutionnel

La Constitution, nous le savons bien, est toujours considérée comme la règle la plus élevée de l'ordre juridique de chaque pays. Par un ensemble de textes, elle définit les différentes institutions composant l'Etat et elle organise leurs relations[32]. La Constitution permet de garantir à chacun le respect de ses droits. Elle pose, par exemple, le principe de l'égalité des citoyens devant la loi, elle fait du suffrage universel la source de la légitimité et accorde à chacun le droit de faire entendre sa cause devant un tribunal indépendant. Elle permet ainsi d'écarter l'arbitraire en donnant à tous les citoyens la possibilité de connaître les différents organes de l'État. Elle joue un rôle central dans la séparation des pouvoirs : législatif, exécutif et judiciaire. Elle définit les compétences des différents organes, règle les rapports entre différents pouvoirs en leur donnant la possibilité de se contrôler mutuellement. Certains États, comme le Royaume-Uni, n'ont pas de Constitution écrite ; c'est la coutume qui prévaut pour organiser les relations entre les institutions. D'autres, comme les États-Unis, ont une Constitution qui se présente sous la forme d'un texte unique, comportant à la fois la liste des droits fondamentaux reconnus aux citoyens et la définition de différents pouvoirs.

Cependant toutes les Constitutions prévoient les modalités selon lesquelles elles peuvent être modifiées : on parle alors de procédure de révision. Il peut s'agir de corriger des imperfections ou de modifier des règles de fonctionnement du régime. Cette procédure de révision peut être plus ou moins complexe. La Constitution peut être souple pour favoriser la révision, seulement

---

[32] L.M. MORFAUX ET J. LEFRANC, *Vocabulaire de la philosophie et des sciences humaines*, Paris, Armand Colin, 2001, p. 100.

lorsqu'elle peut être révisée par les mêmes organes et selon les mêmes procédures qui servent à l'adoption des lois ordinaires. L'intérêt de cette procédure est de pouvoir adapter la Constitution aux circonstances sans formalisme excessif et sans blocage politique. Mais il y a risque cependant d'aboutir à une instabilité du texte constitutionnel, qui peut être modifié au gré des circonstances et des rapports de force, alors même qu'il a pour fonction de mettre en place un cadre institutionnel permettant de surmonter les crises. La Constitution perd ainsi de sa portée symbolique et de sa suprématie par rapport aux autres textes juridiques. Mais si elle est rigide, elle posera des problèmes.

En effet, parler de la révision constitutionnelle pour pouvoir adapter la Constitution aux circonstances sans formalisme excessif ni blocage politique, c'est là un bon projet. Mais pour le cas de l'Afrique, ce révisionnisme constitutionnel vise autre chose, nous allons le voir, et ce symptôme est un frein au progrès politique et économique. Généralement les raisons de la demande de révision, sont justes, mais certains dirigeants poussent leurs parlements à voter pour la révision de la Constitution dans le but de se maintenir au pouvoir. Pour y arriver, un mécanisme est mis en jeu. Les dirigeants avancent des raisons de retard par rapport au calendrier électoral, des raisons financières qui ne permettent pas d'organiser les élections, le manque de nettoyage des vieux fichiers électoraux, qui demandent des années pour être sauvegardés ou formatés. Il y en a qui sont même capables de déclencher une rébellion pour retarder les élections, car on ne peut pas organiser les élections en cas de guerre.

Les conséquences de ce révisionnisme sont graves. La jeune démocratie est mise en danger, l'alternance du pouvoir n'est plus possible, et entre temps les conditions de vie deviennent difficiles à cause de l'instabilité politique et du manque de légitimité des institutions. Ces conséquences sont vérifiables dans plusieurs pays. C'est le cas du Burundi dont les accords d'Arusha de 2000 arrêtaient l'engrenage des conflits autour de la séparation historique entre les Hutu et les Tutsi en rendant de manière obligatoire un partage du pouvoir qui était contraire à la réalité des urnes. Pour le Burundi, un système de rotation du pouvoir conduirait le gouvernement de transition et aiderait à préparer l'organisation générale des élections, après adoption d'une nouvelle constitution. En 2014, le président du Burundi et son parti désirant réviser la constitution, voulaient le faire en profondeur sur la constitution de 2005. Cela a déstabilisé le pays, et l'a plongé dans une crise politique. Quelle était la finalité de cette révision ? Aider le pays ou en tirer des avantages pour rester longtemps au pouvoir ? Ces attitudes des dirigeants prouvent la déstabilisation de la jeune démocratie et du progrès pour tout le continent ; elles sont moralement anticonstitutionnelles. Cette inflation révisionniste tourne généralement autour du statut du chef de l'Etat, de l'alternance politique, plus exactement de la prolongation du mandat présidentiel.

Il ne faut pas oublier le rôle des « parrains » dans ce symptôme de révision des Constitutions. Les parrains sont ceux qui soutiennent certains dirigeants politiques pour des intérêts économiques. Ils décident du choix des candidats pour les prochaines élections. Si les « parrains » ne sont pas d'accord avec la politique du filleul, celui-ci ne sera jamais au pouvoir. Les « parrains » décident de la transparence et de la légitimité des urnes. Un candidat peut être élu par son peuple démocratiquement, mais si celui-ci n'est pas le choix des « parrains », cela posera un problème, ou bien s'il est le choix des « parrains » et qu'il désobéisse à leurs ordres, il sera vite désavoué et discrédité. Les cas de ce système de parrainage sont flagrants. C'est pourquoi si un candidat est le choix des « parrains », il fera tout pour satisfaire d'abord les intérêts et les choix politiques des parrains, ensuite les siens et enfin ceux de sa classe politique. Et quel est alors le sort du peuple ?

Le problème se pose à deux niveaux avec la question du parrainage. Si les parrains veulent que le candidat prolonge le mandat, ils en trouveront les moyens : rébellion, déstabilisation politique ou révision de la constitution. Mais si la révision vient du propre chef du gouvernement, c'est à lui de se maintenir au pouvoir ou comme un chef traditionnel, ou dans le but de s'enrichir et d'enrichir ceux qui lui promettent leur loyauté.

Aujourd'hui la tentation est de classer les acteurs politiques en pouvoir traditionnel et moderne. Cela signifie qu'en Afrique des certains chefs d'Etat veulent se considérer comme des chefs au pouvoir éternel comme les chefs coutumiers. C'est la confusion entre le mode de transmission du pouvoir dans la démocratie et dans le monde traditionnel. Nous sommes constamment confrontés à ce problème de l'hybridation des pouvoirs politiques et de l'édification d'un Etat moderne.

Le pouvoir coutumier est une réalité commune à tout e l'étendue de l'Afrique, car la survivance des chefferies et des groupements qui incarnent le pouvoir traditionnel y pose le problème des modalités de l'édification de l'Etat de l'alternance et des pouvoirs.

La corruption des dirigeants de la classe politique, le fléau de la révision constitutionnelle sont les causes endogènes du non-progrès. Parce qu'elles ne favorisent ni la stabilité des institutions, ni le développement de cadres pouvant aider à la transformation des ressources naturelles grâce à une créativité intelligente. Les conséquences de la corruption et du révisionnisme constitutionnel pour la stabilité des institutions sont néfastes. Or, pour que les ressources naturelles servent à améliorer les conditions de vie des populations, il faut que le cadre institutionnel soit solide et favorable. Mais en Afrique, la situation est tout à fait différente vu la défectuosité de ce cadre institutionnel.

Chapitre VIII
Le cadre institutionnel

Dans les débats autour de la question du non-progrès de l'Afrique, l'un des arguments récurrents est celui qui réduit ce non-progrès à un phénomène typiquement culturel ou génétique. Le débat remonte au XIXe siècle sur le plan philosophique avec Hegel qui traite les Africains de sauvages dont la capacité crânienne est restée à l'état d'enfance de l'humanité. Dans cette idée qui se répand encore aujourd'hui, si les Africains ne progressent pas, c'est qu'ils n'ont ni le gène ni la culture de l'esprit d'entreprise, de l'initiative, de la créativité. Pour mettre fin à cette idéologie, il faut interroger l'histoire de l'invention pour se rendre compte de l'esprit créatif dans ce continent.

Pour mieux comprendre le non-progrès en Afrique, il faut se tourner vers le terreau institutionnel, la base du développement d'une société. Loin de n'être que culturels ou génétiques, les comportements des individus sont très largement dépendants des institutions formelles, les règles économiques et juridiques incitant à la production, et à l'échange. Si le cadre institutionnel n'est pas favorable, ni le projet, ni l'intuition ne verront jamais le jour. Dans ce cas, on comprend que ce cadre reste la condition de la possibilité d'éclosion de la créativité. Même dans les pays dits « développés », la créativité n'est pas le fait de tous mais le cadre institutionnel, lui est favorable. Ainsi, pour que l'Afrique parvienne à un progrès durable, il lui faut ce cadre, il lui faut aussi un accord avec les traditions locales, et des règles juridiques et économiques claires en faveur de la créativité personnelle. C'est tout un ensemble qui doit se mettre en mouvement.

Le verbe latin *« instituere »* veut dire fonder, instituer, construire. L'institution est l'acte de poser les bases, les fondements, d'établir des règles, des structures nouvelles dans une société. C'est la forme sous laquelle, dans une société donnée, s'exercent les fonctions publiques, politiques, administratives et judiciaires. L'enseignement, les lois fondamentales de l'Etat ont leur fondement dans une institution[33]. Ces différentes définitions donnent la pertinence des institutions dans un pays. Si elles sont stables et favorables, elles favoriseront le progrès, mais si elles ne le sont pas, c'est le début de la catastrophe. Un cadre institutionnel favorable permet le progrès, la créativité.

[33] L.M. MORFAUX ET J. LEFRANC, *Vocabulaire de la philosophie et des sciences humaines*, Paris, Armand Colin, 2001, p. 280.

Le concept de créativité

La créativité distingue l'homme du primate. C'est ce qui fait de ce phénomène une créativité exclusivement humaine, et c'est cette activité qui a permis à l'homme de passer de l'état de nature à celui de la culture. Il n'existe pas de définition unique de la créativité, mais selon le *Dictionnaire des concepts clés,* la créativité est la capacité d'imaginer différentes solutions originales, quand on est confronté à une situation difficile. Cela montre que confronté aux difficultés, l'homme peut sortir de soi pour trouver les possibilités d'une vie favorable. La créativité renvoie à quelque chose de l'ordre de la découverte, de l'innovation, de la technique, de la technologie, etc. Appliquons donc ces caractéristiques de la créativité au cas particulier de l'Afrique, pour discerner si le cadre institutionnel y est favorable à leur application. Mais avant d'entrer dans les détails de l'instabilité des institutions, une approche notionnelle s'impose.

L'esprit de découverte

La découverte relève de l'activité scientifique qui tente d'observer, de décrire ou de modéliser le monde qui nous entoure. Pour qu'il y ait esprit de découverte, il faut que le phénomène, l'objet, la matière préexistent à leur découvreur. Ce qui diffère d'une invention, où une activité humaine de création façonne un nouvel objet. L'homme a inventé le téléphone, mais il a découvert les propriétés thérapeutiques des plantes. Si dans la plupart du temps, la découverte est fortuite, elle résulte par contre d'une longue recherche, car découverte et recherche sont liées. L'histoire des sciences montre que les découvertes ne se programment pas et qu'elles suivent des cheminements tortueux et inattendus. Cette analyse n'a pas pour but de montrer l'incapacité culturelle ou génétique de l'Africain, qui ne serait pas capable de découverte, mais de repenser les causes de cette impossibilité pour lui trouver une issue. En effet, le cadre institutionnel et environnemental créé par l'Etat doit permettre à l'esprit de découverte de se concrétiser. Qu'en est-il du continent africain ? Qu'est-ce qui empêche les africains d'avoir un esprit créatif, l'esprit de découverte ? Or le phénomène, la matière, l'objet préexistant à la découverte sont bien présents.

Invention et innovation

A la différence de la découverte, l'invention se caractérise par la création et la confection d'objets nouveaux. Pour la découverte, tous les objets préexistent par rapport à leur découvreur, qui repère, identifie les objets sans les avoir confectionnés. Mais l'invention crée ce qui n'existait pas. Il y a cependant corrélation entre l'invention et la découverte. L'inventeur peut naturellement tirer profit d'une découverte et généralement des connaissances scientifiques disponibles, des formules physiques, chimiques, mathématiques mais en y apportant toujours une nouvelle valeur. C'est le cas par exemple de l'invention du laser fondée sur la compréhension des phénomènes physiques de propagation des ondes.

Cependant, dans la plupart du temps, l'invention ne garantit pas l'innovation. Celle-ci est une invention industrialisée mise sur le marché. L'invention relève de l'idée mais l'innovation de la réalisation concrète la met au service des tiers utilisateurs. Il faut souligner que l'innovation est une réalisation de la nouveauté. Si inventer correspond à générer une idée nouvelle, innover relève d'une mise en œuvre concrète. L'innovation a deux caractéristiques : technologique et organisationnelle. Technologique lorsqu'elle porte sur un nouveau type de produit, par exemple la fabrication d'un ordinateur d'une grande capacité de mémoire, ou d'une batterie à longue durée. Elle est organisationnelle lorsqu'elle concerne une amélioration de service. Ainsi, s'il existe des liens indiscutables entre recherche, découverte, invention, et innovation, ces liens sont complexes, mais indispensables pour un progrès. Ils sont possibles dans la mesure où l'Etat crée un cadre institutionnel favorable.

Technique et technologie

Si la technique relève du savoir-faire empirique construit par l'action humaine moyennant des tâtonnements, et des erreurs, la technologie quant à elle relève des savoirs et savoir-faire relatifs à la conception, la fabrication et la distribution des produits. La technique comporte des recettes et des méthodes pour produire des objets, la technologie, elle, dépasse et enrichit la technique en ce sens qu'elle marie le savoir-faire empirique et la connaissance scientifique. En ce sens, on pourrait dire que la technologie est une technique enrichie par la compréhension scientifique, et qu'elle peut ainsi a priori être enseignée et transmise.

Cependant, il est clair que le transfert du savoir-faire technique passe par le compagnonnage avec le maître qui forme ses disciples à la pratique devant eux et avec eux. La technique est enracinée dans l'action. C'est pourquoi il est difficile d'anticiper sa capacité d'extension à des situations nouvelles et de nouvelles et sa capacité de combinaison avec d'autres formes pratiques. Par contre, on peut anticiper les conditions d'applicabilité de la technologie. C'est ce qui permet de multiplier les occasions de recombinaison en évitant le coût de longues expérimentations pour gérer des applications nouvelles et toujours plus complexes. Pour que la technique et la technologie trouvent une possibilité de se réaliser, le cadre institutionnel est important. Pourquoi ce détour analytique de l'invention, l'innovation, la découverte, la technique et la technologie ? La raison est simple, ces activités sont les conditions de possibilité de progrès dans une société donnée. Peut-on dire que l'Afrique, elle, réunit toutes ces conditions ?

L'Afrique doit sortir de son mutisme scientifique pour mettre en valeur ses ressources naturelles : son potentiel naturel est la clé de son progrès. Pour cela il faut l'encadrement, le financement des recherches, la création d'un cadre pour l'invention, l'innovation, la technique et la technologie. Pour asseoir son développement sur des bases solides, l'Afrique doit absolument s'approprier un cadre intellectuel. Dans cette perspective, elle serait par elle-même la première transformatrice de ses matières premières. Si elle n'investit pas dans la recherche, l'invention et l'innovation, elle ne décollera guère et son économie demeurera faible et indéfiniment soumise aux contingences extérieures.

Dans les domaines scientifique, technique et technologique, le résultat de la recherche a un autre nom : l'invention. Pour avoir un impact significatif sur l'économie, le progrès, les gouvernements africains devraient mobiliser tous les acteurs du développement : instituts et centres de recherche, chercheurs individuels, administration de la propriété industrielle, fisc, institutions financières, opérateurs économiques, etc. En Afrique, malheureusement, le monde de la recherche incarné par les instituts et centres de recherche, reste encore coupé de celui de la propriété intellectuelle et éloignée de l'entreprise alors qu'il s'agit de piliers du développement qui doivent se côtoyer et travailler en harmonie pour faire évoluer la société vers les meilleures conditions de vie. Les Etats d'Afrique devraient encourager les inventeurs et les chercheurs, soutenir l'exploitation commerciale des innovations et des inventions technologiques, pour traduire en termes commerciaux le génie inventif. Malheureusement, ces hommes et ces femmes se retrouvant au confluent de la recherche génératrice d'invention et d'innovation dans les domaines de la science et de la technologie, la plupart d'entre eux vivent, isolés, voire volontairement reclus, dans le silence de leurs laboratoires de recherche et champs d'expérimentation. D'autres sont confrontés aux difficultés quotidiennes du mépris de la science. Ils sont souvent incompris de leur société. Rien ne manque en Afrique pour favoriser la propriété intellectuelle. Elle est un instrument indispensable pour permettre au continent africain de développer les pôles régionaux de l'économie et de la prospérité sociale.

Par manque de cadre institutionnel un inventeur est perdu, par manque d'un inventeur, une invention n'a pas lieu, par manque d'invention un produit ne voit pas le jour et par manque de produit, aucune entreprise ne naît, c'est le chômage et en fin de compte un non-progrès. C'est ce qui guette tous les jours l'Afrique, qui perd de plus en plus toutes ses ressources naturelles et humaines. Car s'ils manquent de cadre juridique et institutionnel, certains Africains vont les chercher ailleurs et s'ils inventent ailleurs, ce sont d'autres qui en bénéficient. L'Afrique perd tout.

Dans le même domaine de l'invention, l'innovation est faible en Afrique, non parce que les personnes capables d'innover n'existent pas, mais parce que l'on ne permet pas à l'esprit d'entreprise d'éclore. Les institutions du marché favorisent cet esprit quand elles établissent fermement la règle, bannissent l'incertitude sur le droit de propriété, réduisent les coûts de transaction et accroissent la vigilance sur le profit. Or, de manière générale, l'Afrique ne se distingue pas positivement sur ce terrain, en dépit des relatifs changements enregistrés ces dernières années.

En effet, si, d'une part, l'esprit d'entreprise est le propulseur de l'innovation, il faut, d'autre part, un environnement institutionnel adéquat et des capacités humaines *ad hoc*. Pour l'environnement institutionnel, on est en présence d'un cercle favorable en ce sens qu'il permet l'éclosion de l'esprit d'entreprise et en même temps génère l'innovation qui crée de nouvelles opportunités pour cet esprit dans d'autres pays. Si aujourd'hui certaines innovations ont poussé leur créateur vers d'autres lieux, c'est parce que l'environnement institutionnel y garantit le droit de propriété sans trop de difficultés, et que l'Etat y crée un cadre favorable. C'est malheureusement le contraire en Afrique où la corruption généralisée pose de sérieux problèmes aux investisseurs et entrepreneurs.

Quand tout le monde dort, seule veille la chouette de Minerve. L'intellectuel est un veilleur, il a les pieds ici, mais les yeux ailleurs. Il a aussi le rôle du guetteur. Quand la société va mal, il est capable de dire la vérité. Or dans le contexte africain de ces derniers temps, le rôle de l'intellectuel a presque changé, parce qu'il a voulu goûter au pouvoir politique, alors que jusqu'à un certain point, celui-ci peut le corrompre. Devant ce fatalisme, ces situations catastrophiques qui traversent l'Afrique, quel est le rôle de l'intellectuel : la complaisance ou la rigueur ? Ceci nous amène à nous interroger sérieusement sur l'implication de l'intellectuel dans le processus du progrès en Afrique.

L'intellectuel africain

L'expérience montre que ce prédicat « africain » appliqué à certaines sciences suscite l'inattendu. Qu'il s'agisse de théologie, de christologie, de littérature, de philosophie, il y a toujours un doute. Parler de l'intellectuel africain, cela en secoue plus d'un. Il y a-t-il des intellectuels en Afrique ? La réponse est affirmative, sinon, c'est couper l'arbre sur lequel on est assis. S'il existe des intellectuels en Afrique, quelle serait leur mission dans ce projet de développement ?

Il incombe à l'intellectuel africain une mission importante pour qu'il contribue aussi au progrès de l'Afrique. Il doit cesser d'être continuellement en conflit théorique avec la tradition africaine. Parce que ce stigmate d'aliénation et d'arrogance colle encore à sa peau. L'intellectuel africain qui se prend encore comme une survivance d'autres cieux doit désormais se définir par rapport à sa société pour mieux assurer ses responsabilités dans la destinée de l'Afrique. Il doit également, dans un contexte de non-respect des valeurs démocratiques, valoriser la liberté d'expression. Aujourd'hui, malheureusement, il semble oublier le bon conseil kantien sur la politique, celle-ci, à savoir corrompt. Eloigné de sa vocation première, l'intellectuel africain est sommé de s'insérer dans le mécanisme politique. Il se joint alors à la puissance de l'argent et du pouvoir.

Dans ce défi politique, plusieurs dangers le guettent. Si lui, privilégie la pensée, pour le politique c'est l'action qui l'emporte. Quand l'intellectuel se contente d'observations théoriques, le politique vise l'action et ses effets. Comme dans la plupart des cas le politique détient le pouvoir et l'argent, il peut agir sur l'intellectuel, il peut l'acheter, le manipuler pour qu'il serve les intérêts du politique au détriment de sa mission première, celle d'éveiller et de veiller. L'intellectuel doit éveiller la conscience de ses contemporains face à la démagogie politique, et doit veiller pour que la Constitution soit respectée.

Ce n'est qu'ainsi qu'il peut répondre efficacement aux besoins sociétaux et anthropologiques. Malheureusement, bon nombre d'intellectuels africains, s'étant engagés en politique, ce qui a priori est une bonne et louable chose, ont perdu leur liberté d'expression. Ils n'ont plus de liberté de penser ni de critiquer. Ils ont vendu leur esprit à l'Etat qui leur commande de faire ce qu'il veut. Leur désaccord est logique avec un système politique injuste, corrompu, et accordé au système. Leur mission d'éveiller et de veiller s'est transformée en léthargie incurable. Leur silence devient acre et fade. Pour Frantz Fanon, chaque génération a une mission à remplir ou à trahir, et notre génération a une mission multiple, celle de dénoncer, de déconstruire et de construire. Dénoncer le système injuste, non favorable à l'invention, de déconstruire la structure du non-progrès et construire en vue du progrès.

Reste à résoudre un problème épineux en lien avec ce que nous venons de dire sur le non-progrès du continent africain : c'est celui de la responsabilité face au non-progrès. Il existe des points de vue pour lesquels les Africains ne sont pas capables de sortir du non-progrès, il leur faut une assistance continuelle. Ils n'ont aucun cadre institutionnel stable. Ils ont les ressources naturelles mais ne savent pas s'en servir. Ils sont donc fossoyeurs de leur sous-développement. De l'autre côté, pour les Africains, ce sont les acteurs extérieurs comme les multinationales avec leur politique qui sont à la base de la fragilisation de leur continent. De ce fait, il existe une espèce de cercle vicieux, dans lequel chacun est à la fois responsable et coupable. Du point de vue des Africains, les causes sont exogènes, mais d'un autre point de vue elles sont endogènes. Comment sortir de ce cercle ?

Chapitre IX
La responsabilité partagée

Le non-progrès africain est intrinsèquement lié à la question de la responsabilité humaine. Chercher à le résoudre, c'est vouloir s'interroger sur ce que cela implique. Pour éviter de retomber dans le cercle vicieux où le coupable est toujours extérieur à soi, les Africains doivent repenser les conditions de leur progrès : c'est leur responsabilité. Cette responsabilité est partagée avec d'autres acteurs impliqués dans l'exploitation des ressources du continent. Cela permettrait de rappeler que chacun doit répondre de ses actes afin de lever l'équivoque.

En effet, bien des Africains pensent que leur non-progrès proviendrait, comme nous l'avons largement développé, de l'histoire de la traite des esclaves, du pillage systématique de leurs ressources, du néocolonialisme économique et politique, de la politique interventionniste. D'autres acteurs extérieurs stigmatisent la corruption des dirigeants africains, car ceux-ci ne se soucient aucunement du bien-être de leurs peuples. Si dans ces conditions chacun ne reconnaît pas sa responsabilité, c'est un vrai cercle vicieux qui s'installe. Les uns accusent les autres d'être responsables et vice versa. C'est là justement que l'on trouve le fondement de ce cercle infernal et sans issue. Seule la réflexion sur la responsabilité partagée pourrait nous amener à repenser les choses autrement. Généralement, la notion de responsabilité intervient dans plusieurs domaines : théologique, philosophique, anthropologique, juridique, économique, historique. Pour Monique Atlan[34] l'idée de responsabilité se fonde toujours sur des considérations à la fois juridiques et morales.

En droit, l'idée de responsabilité signifie répondre de ses actes en cas de dommage et de délit. Cette idée peut s'étendre au-delà de ce qu'on fait soi-même, comme dans le cas où les parents sont considérés comme responsables des dégâts causés par leurs enfants, ou dans le cas où l'homme peut être responsable des problèmes posés par des machines qu'il a fabriquées. Sur le plan moral, la responsabilité suppose de pouvoir décider et choisir librement. Dans presque tous les domaines, être responsable, c'est reconnaître qu'on doit répondre de ses actes. C'est aussi le fait d'être reconnu par l'autre, par un groupe comme cause efficiente d'une situation, d'une crise. Mais cette responsabilité présente aussi quelques limites quand on tient compte des contraintes extrinsèques ou intrinsèques à l'homme : l'âge, les maladies mentales, etc. C'est pourquoi, la formule : chacun est responsable de tout devant tous, n'est pas le sommet de la morale.

---

[34] M. ATLAN ET ROGER-POL DROIT, *Humain. Une enquête philosophique sur ces révolutions qui changent nos vies*, Paris, Flammarion, 2012, p. 471.

La responsabilité est l'obligation de *répondre* de ses actes, principalement dans les cas où ceux-ci sont condamnables, légalement ou moralement. Répondre de ses actes, c'est en assumer toutes les conséquences. Moralement, c'est surtout s'exposer au jugement d'autrui, voire de soi-même ; ce dernier cas peut être illustré par la mauvaise conscience, qui suppose toujours la responsabilité de ce qu'on a fait.

On peut toutefois remarquer que la mauvaise conscience, voire la culpabilité, peuvent être ressenties en l'absence de toute responsabilité réelle. Tel est le cas de ceux qui, aujourd'hui, se sentent responsables des actes de leurs pères, responsables du passé historique de leur peuple. Ce sentiment repose sur la notion de *responsabilité collective*, où les enfants se sentent responsables des faits commis par leurs pères. Ce n'est pas loin de la théologie de la rétribution : « les pères ont mangé des raisins verts et les fils en ont eu les dents agacées ». L'histoire des idées et des mœurs a toutefois évolué, y compris dans la religion, jusqu'à refuser complètement la notion de responsabilité collective pour s'en tenir à la seule *responsabilité individuelle.* Il existe en fait plusieurs types de responsabilité : retenons-en deux, celle dite directe et celle dite indirecte.

On appelle *responsabilité indirecte,* le fait de répondre des actes de quelqu'un d'autre sans en être directement cause efficiente. C'est le fait d'être responsable de quelqu'un (de ses enfants, de ses élèves, de ses subordonnés, de son peuple), le fait d'hériter d'un système injuste sans vouloir le dénoncer. Une responsabilité indirecte, peut-elle s'accompagner d'une non-culpabilité pénale ? Il me semble que certains ayant hérité d'un système de fonctionnement lié à l'esclavage, au colonialisme, sans y être directement impliqués, ne sont pas coupables pénalement, mais civilement parce qu'ils perpétuent un système injuste, sans volonté de changer. Des Africains aujourd'hui, ont aussi une responsabilité indirecte, par le fait d'avoir hérité d'un système qu'ils n'ont ni voulu, ni inventé, mais pour lequel ils n'ont aucune volonté de changement. Ils collaborent passivement, ils sont donc responsables indirects.

La responsabilité *directe*, c'est celle qui renvoie, elle, à ses propres actes et non à ceux d'autrui. Elle est donc davantage fondée sur le libre arbitre. En effet, dire qu'une personne est responsable de ce qu'elle a fait, c'est dire qu'elle aurait pu s'en abstenir, autrement dit qu'elle était *libre* de le faire ou de ne pas le faire. Mais une fois admis que la responsabilité suppose le libre arbitre, plusieurs questions se posent et d'abord : comment les uns comme les autres sont-ils responsables directement ?

Les acteurs extérieurs impliqués dans le non-progrès de l'Afrique sont responsables directement à cause de la manière dont ils gèrent les affaires économiques et politiques en Afrique. Pour bon nombre d'Africains, si les acteurs extérieurs cessaient d'exploiter leurs ressources naturelles, et de fixer le prix des produits pour leur laisser le monopole, eux-mêmes se développeraient. Les acteurs extérieurs sont responsables directement parce qu'ils sont accusés de manipuler le commerce international au détriment du Tiers Monde, d'imposer des termes d'échange défavorables et en détérioration continuelle.

C'est que les Africains eux aussi sont responsables de leur non-progrès : ils doivent cesser d'être passéistes. Ils ne sont pas les seuls à être touchés par la politique extérieure, d'autres régions du monde dont l'Amérique latine, l'Amérique du Nord et l'Asie, le sont elles aussi. Peut-on comparer ces régions avec l'Afrique aujourd'hui ? Des pays comme l'Inde, la Malaisie, le Mexique, le Brésil ont dépassé ce cap passéiste pour transformer leur sous-développement.

Dans l'histoire du monde, chaque civilisation comme chaque pays a connu des hauts et des bas. L'Europe a rebondi après les deux guerres mondiales, les États-Unis à la suite de la guerre civile malgré le racisme, l'Asie et l'Amérique latine après le colonialisme, les dictatures et les troubles politiques. Pourquoi l'Afrique ne se remettrait-elle pas de sa nostalgie passéiste ?

À l'heure actuelle, il est évident que l'Afrique est le continent le moins avancé du monde. La région souffre de toutes sortes de problèmes dont 90% sont d'origine humaine. Naturellement, la région semble être la plus chanceuse, parce que c'est l'un des continents les plus stables géographiquement enregistrant le moins de catastrophes naturelles. La plupart des pays de la région n'ont pas le climat insupportable que l'on trouve dans les régions polaires extrêmement froides ou dans les régions désertiques extrêmement chaudes. Par ailleurs, l'Afrique est le principal fournisseur mondial de matières premières. Mais plutôt que de transformer elle-même et valoriser ses matières premières, elle les exporte vers des pays qui vont les transformer et les lui revendre ensuite sous forme de produits finis à des prix exorbitants. Le principal problème de l'Afrique serait l'échec du leadership. La plupart de ses dirigeants passés et présents ont fait échouer lamentablement la région. Leur obsession de rester au pouvoir a rendu très difficile, voire impossible, leur remplacement. Beaucoup d'élections en Afrique ne sont pas libres, justes et crédibles. Les dirigeants africains volent des millions et des milliards de dollars de fonds publics pour les investir dans d'autres régions du monde. Combien de dirigeants d'autres continents volent les fonds publics pour les investir en Afrique ?

Quand nous observons les très rares pays africains qui prétendent améliorer leur taux de croissance économique, nous constatons que leurs citoyens demeurent dans une profonde souffrance, comme si l'augmentation de la croissance économique nationale était proportionnelle à celle de la misère. Le développement de ces pays est ironique dans le sens où il s'agit d'une évolution qui accroît la souffrance du peuple, qui rend les pauvres plus pauvres et les riches plus riches. Ce fatalisme montre que les Africains sont eux-mêmes la cause efficiente de leur propre sous-développement. Si la responsabilité partagée nous permet de sortir du cercle vicieux, la phase finale serait la reconnaissance de cette responsabilité partagée et la réparation, sans lesquelles aucune réconciliation, aucun terrain d'entente n'est possible.

Reconnaissance et réparation

Dans plusieurs domaines de la vie et dans des circonstances très diverses, la reconnaissance est un acte qui résulte toujours d'un fait présent ou passé ayant marqué la vie humaine. Le souvenir reste rattaché au passé et y est identifié comme tel. Mais la notion de la reconnaissance peut rester ambigüe. Elle peut s'entendre au triple plan, cognitif, moral et social.

Au plan cognitif, la reconnaissance désigne le problème de l'identification d'autrui en tant que tel : il s'agit alors de savoir comment il est possible que nous sachions identifier autrui comme un *alter ego*, comme un autre que soi dans le respect de ce qu'il est. C'est dans cette perspective que l'on peut bien comprendre la seconde problématique, celle de la dignité et du respect de l'homme. La dignité inclut le respect de la culture, de la personne humaine dans toute son intégrité. Quant au point de vue social, il s'agit de l'estime de l'autre, d'un groupe, de tout un peuple avec son héritage historique. Le bien visé dans la démarche de connaissance, c'est d'être reconnu, et de jouir d'une visibilité sociale, d'une estime.[35]

Sur le plan anthropologique, souligne Blay, la reconnaissance renvoie à la problématique de la constitution du sujet, car les êtres humains acquièrent et développent une individualité propre à travers un processus d'acception et d'identification réciproque. Reconnaître que l'on est responsable du non-progrès africain est une démarche importante dont la finalité est la réparation. Celle-ci reste l'acte le plus difficile car on a toujours du mal à estimer la valeur des dommages causés.

La reconnaissance en vue de la réparation est à un double niveau. Le premier concerne les problèmes de désintégration culturelle, le mépris de l'identité, le pillage des ressources naturelles, qui doivent être réparés. Ces dégâts touchent toutes les dimensions : historique, politique, sociale, identitaire. Et le deuxième niveau concerne les dommages causés par des Africains et leurs dirigeants pour déstabiliser leurs propres politiques et affaiblir l'économie des états par le pillage, la corruption et le détournement des fonds. En effet, envisager cette réparation permettrait non seulement aux responsables de réparer leurs actes, mais pourrait aussi servir d'exemple à la prise de ses responsabilités.

La réparation n'est pas toujours monétaire et ce n'est pas un remboursement. Quand un travailleur perd sa

---

[35] Cf. M. BLAY, *Dictionnaire des concepts philosophiques*, Paris, Larousse, 2006, p. 699.

jambe dans un accident de travail, l'indemniser ne lui ramènera pas sa jambe et n'effacera pas la douleur physique et morale qu'il a ressentie et continuera de sentir tout au long de sa vie. Cette indemnisation n'est pas non plus la rémunération de sa souffrance ou de sa perte mais elle a pour but d'aider ce travailleur à se soigner, à guérir et à se prendre en charge pour le reste de sa vie étant donné que ce handicap a réduit sa validité et sa productivité.

Il en est de même pour les réparations payées aux parents d'un défunt accidenté. L'indemnisation ne ramènera pas ce défunt à la vie mais elle permettra aux parents de couvrir les obsèques et de se prendre en charge. Les exemples sont légion. La responsabilité des acteurs extérieurs dans le pillage des ressources en Afrique ne fait aucun doute. Le problème, c'est la reconnaissance par ces derniers de leur responsabilité, ce qui ouvrirait la voie à la réparation du tort qu'ils causent à l'Afrique. Il semble cependant que ces acteurs nient toujours leur responsabilité malgré les différents rapports qui la prouvent. Il appartient donc aux mouvements sociaux de mener des actions pour dénoncer ces agissements et d'interpeller l'opinion publique sur la question. Ceci permettrait par exemple une prise de conscience partagée afin de réparer.

Changement de paradigme

Enfin, un travail de changement de mentalité doit s'opérer chez les Africains. Leurs relations avec les autres pays ne sont plus fondées sur l'assistance et la pitié. Ce n'est pas leur destin. Mais elles doivent être fondées sur la coopération, l'échange des savoirs et de la technologie. C'est le temps d'une collaboration d'égal à égal, d'un partenariat économique et politique équitable. Ce n'est qu'ainsi qu'ils peuvent guérir du passé et s'ouvrir à un avenir meilleur. Agir ainsi, c'est transmettre aux générations futures un monde plus habitable, une Afrique pleine d'espoir.

Sur le plan économique, c'est le moment de la conversion dans la coopération. Les Africains doivent devenir maîtres de leur destin, les contrats miniers, économiques doivent être revisités entre Etats sous le rapport d'égal à égal. L'arrivée de divers partenaires économiques doit être une chance, ce qui n'exclut pas la prudence dans la signature de contrats.

Ces nouveaux acteurs apportent non seulement à l'Afrique de nouvelles ressources financières, dans un contexte de rareté relative, mais ils créent aussi une « nouvelle pression compétitive » sur les bailleurs de fonds établis. De fait, grâce à la multiplication des acteurs dans le champ de l'aide, les pays africains se trouvent en meilleure position de force dans les négociations. Ils peuvent faire jouer la concurrence et se tourner vers l'acteur le plus offrant. Face à une « offre de développement » plus diversifiée, ils ne sont plus tenus de se conformer aux seuls standards des bailleurs de fonds traditionnels. Et il leur est davantage permis de choisir le partenariat qui leur semble le plus avantageux et le mieux adapté à leurs besoins et intérêts.

La présence de ces nouveaux acteurs doit permettre aux États africains de revoir leurs contrats de coopération, surtout ceux qui sont établis sous des rapports non équitables dans la répartition des biens. Si les Africains veulent sortir du non-progrès, ils doivent revoir tous les contrats de coopération. Sinon, ils resteront une réserve naturelle où les autres viennent se servir comme ils veulent. En plus de contribuer à l'élargissement de l'espace politique, les nouveaux liens qui se sont tissés entre la Chine et l'Afrique permettent de réduire la pression financière qui pèse sur les États africains, lesquels retrouvent des marges de manœuvre budgétaire que les ajustements structurels leur avaient retirées. La Chine comme nouvel acteur de poids dans la partie pourrait éventuellement être un danger, si elle dissimule des intentions nuisibles. C'est pourquoi les Africains doivent être à la fois enthousiastes et prudents.

Pour trouver un équilibre financier, l'Afrique et tous ses pays devront quitter le statut de quémandeurs passifs soumis aux directives et aux exigences des institutions financières internationales et des bailleurs bilatéraux, pour passer au statut d'acteurs actifs dans la partie, voire d'arbitres dans la compétition que se livrent les grandes puissances. Grâce aux nouveaux partenaires économiques, les États africains recouvreront de nouvelles marges de souveraineté afin de prendre part à un processus de développement plus autocentré et moins dépendant de recommandations externes.

Qu'allons-nous transmettre à la génération future en Afrique ? Ce non-progrès dont nous avons hérité des générations passées ? Ce serait leur donner la mort bien cuite sur un plateau. Nous inspirant du philosophe Hans Jonas, dans *Le Principe Responsabilité*[36], nous devons transmettre à la génération future une Afrique habitable et des conditions de vie intactes. C'est pourquoi nous devons agir de façon que les effets de notre action soient compatibles avec la permanence d'une vie authentiquement humaine sur terre. Pour qu'on transmette ce monde meilleur aux générations futures en Afrique, nous devons prendre conscience de notre responsabilité, et cesser de trouver toujours des causes extérieures. Cela nous permettra de prendre conscience de notre devoir.

[36] H. JONAS, *Le Principe Responsabilité. Une éthique pour la civilisation technologique*, Paris, Flammarion, 1979.

Conclusion générale

Le progrès est un processus qui englobe plusieurs aspects : humain, social, économique, technique et politique. Tous ces aspects sont intrinsèquement liés en vue du bien de l'homme. Le progrès n'est possible qu'à une triple exigence : des ressources naturelles, une créativité intelligente et un cadre institutionnel efficace et favorable. Cette triple exigence doit être un champ de travail et non pas de bataille pour les Africains. Car, un pays n'est vraiment indépendant que s'il peut assurer sa subsistance, sans être forcé de s'endetter ou de mendier pour se nourrir.

Le développement de l'Afrique doit consister dans l'acquisition des infrastructures nécessaires pour accéder d'abord à l'autosuffisance, puis à la prospérité par l'exportation et l'échange des surplus de production. Méconnaître cette loi, c'est laisser la porte ouverte aux nouvelles formes de colonialisme. C'est le cas du néocolonialisme financier qui est aujourd'hui bien plus dur et égoïste que ne l'était l'ancien colonialisme, et dont on ne tire aucune compensation culturelle ou formatrice. Les Africains ne doivent pas se contenter d'avoir des richesses naturelles biologiques, énergétiques, renouvelables ou non, il leur faut savoir s'en servir et mieux encore savoir les transformer et les gérer en vue du progrès.

L'Afrique, plus que jamais, doit être une communauté solidaire, dans un panafricanisme ouvert au partage des technologies, des connaissances, des échanges commerciaux. Elle doit créer des cadres institutionnels qui permettront une circulation entre Etats des maîtres, des étudiants, des chercheurs, des techniciens, des spécialistes.

En effet nous inspirant de l'encyclique de Paul VI : *« Populorum Progressio »*, comme tous les peuples de la terre, les Africains veulent vivre affranchis de la misère, ils veulent trouver plus sûrement leur subsistance, la santé, un emploi stable ; participer davantage aux responsabilités, hors de toute oppression, à l'abri de situations qui offensent leur dignité d'hommes; être plus instruits. Ils ne veulent plus être condamnés à vivre dans des conditions qui rendent illusoire le désir légitime de vivre.

C'est pourquoi pour permettre à chacun de profiter de son passage sur la terre dans une vie heureuse, il importe de stopper ceux dont la politique ne vise que leurs intérêts propres en usant de la corruption, du prolongement des mandats, de la politique interventionniste au profit d'intérêts économiques masqués. Tous les systèmes modernes d'exploitation de l'homme par l'homme doivent être dénoncés, toutes les formes d'assistance, qui maintiennent l'homme dans une immaturité politique, économique et sociale, doivent être abolies. Ce n'est qu'ainsi que le progrès de l'Afrique pourra se réaliser.

Bibliographie

1. ATLAN M. ET DROIT ROGER-POL, *Humain. Une enquête philosophique sur ces révolutions qui changent nos vies*, Paris, Flammarion, 2012.
2. BART F., *L'Afrique continent pluriel*, Paris, Sedes, 2003.
3. DELÉAGE J.P. et alii, *Croissance, emploi et développement. Les grandes questions économiques et sociales*, Paris, La Découverte, 2007.
4. DIOP-MAES LOUISE MARIE, *Afrique noire, sol, démographie et histoire*, Paris, Présence africaine, 1997.
5. Droz BERNARD, *Histoire de la décolonisation au XXe siècle*, Paris, Le Seuil, 2009.
6. FANON FRANTZ, *Peau Noire, masques blancs*, Paris, Le Seuil, coll. « Points », 1952.
7. FURON RAYMOND, *Les ressources minérales de l'Afrique*, Paris, Payot, 1944.
8. HÉLÉ BÉJI, *Nous, décolonisés*, Paris, Arléa, 2007.
9. Jonas Hans., *Le Principe Responsabilité. Une éthique pour la civilisation technologique*, Paris, Flammarion, 1979.
10. KASONGO MIKI, *L'Africanité : de Hegel à l'océan de l'indifférence*, Paris, Edilivre, 2015.
11. KASONGO MIKI, *Repenser l'école en Afrique entre Tradition et Modernité*, Paris, L'Harmattan, 2013.
12. LIAUZU C., *L'histoire de l'Anticolonialisme en France du XVIe siècle à nos jours*, Paris, Armand Colin, 2007.

13. MICHEL S., BEURET M., *La Chinafrique, Pékin à la conquête du continent noir*, Fayard/ Pluriel, 2010.
14. MORFAUX L. MARIE, *Vocabulaire de la philosophie et des sciences humaines,* Paris, Armand-Colin, 2011.
15. MVENG ENGELBERT, *Mort ou survie culturelle*, in « *Ethiopiques numéro spécial, revue socialiste de culture négro-africaine,* 70ème anniversaire du Président L. S. Senghor novembre 1976.
16. WAGNER J., *Chine Afrique, le grand pillage*, Paris, Eyrolles, 2014.
17. WORMS F., *Les 100 Mots de la philosophie*, Paris, PUF, 2013.

Tables des matières

L'Afrique

aux éditions L'Harmattan

Dernières parutions

ETHNIES, NATIONS ET DÉVELOPPEMENT EN AFRIQUE : QUELLE GOUVERNANCE ?
Actes du colloque de Brazzaville (Congo), du 26 au 28 mai 2014
Sous la direction de Hugues Mouckaga, Scholastique Dianzinga, Jean-François Owaye
En 1962, quelques années seulement après que la parenthèse coloniale eut commencé à se fermer, un agronome français, René Dumont, osa ce pronostic : « l'Afrique noire est mal partie ». Que de protestations ! Pourtant, plus de 50 ans après les indépendances, le continent africain est à la peine et patine. L'explication : la mal gouvernance. Du fait de ses ethnies, l'Afrique fait face à un épouvantable écueil ! Elle n'arrive pas à se constituer en nations ! Il importait donc d'agir, de réfléchir autour de cette problématique.
(Coll. Études africaines, 55.00 euros, 704 p.)
ISBN : 978-2-343-05785-9, ISBN EBOOK : 978-2-336-37944-9

ÉLECTIONS, VOTE ET REPRÉSENTATION POLITIQUE DES AFRICAINS DE L'ÉTRANGER
Suivi du *Guide des opérations électorales en dehors des frontières nationales*
Wongo Ahanda Antoine
Quels sont aujourd'hui les types d'élections, les mécanismes et les procédures du vote à l'extérieur adoptés par les pays africains ? Dans cet ouvrage, qui fait la synthèse des connaissances et des pratiques du vote à l'extérieur et de la représentation politique des Africains de l'étranger, l'auteur entend apporter une contribution pédagogique au processus d'appropriation de la citoyenneté externe par les États africains. Un ouvrage qui intéressera les leaders africains, les migrants africains et tous ceux qui sont impliqués dans le processus de vote à distance à travers l'Afrique et les pays d'immigration.
(Coll. Études africaines, 21.00 euros, 202 p.)
ISBN : 978-2-343-02009-9, ISBN EBOOK : 978-2-336-38129-9

MANUELS SCOLAIRES, ENVIRONNEMENT INFORMATIF ET NUMÉRIQUE AU SERVICE DE LA LECTURE
Enjeux nouveaux pour une école émergente
Thioune Birahim - Préface de Michèle Verdelhan Bourgade
Aujourd'hui, l'environnement socioculturel s'est complexifié du fait de l'émergence de technologies nouvelles qui ont envahi l'univers des apprenants et qui se révèlent, dans les espaces d'éducation et de formation, à la fois comme

des promesses d'enrichissement et des menaces. Ce livre fixe quelques contours de l'utilisation des TIC (Technologies de l'Information et de la Communication) et des limites à observer dans leur application, sous peine de mettre en péril tout un patrimoine pédagogique.
(16.50 euros, 164 p.)
ISBN : 978-2-343-06236-5, ISBN EBOOK : 978-2-336-37731-5

L'ÉCOLE, GAGE DU DÉVELOPPEMENT DE L'AFRIQUE
Zénith Laurent - Préface de Mathias Eric Owona Nguini
Si plusieurs facteurs et secteurs sont à considérer pour sortir rapidement l'Afrique de son retard, le domaine scolaire revêt une importance capitale. Malheureusement, ce levier du développement qu'est l'école regorge de nombreuses tares dans la quasi-totalité des pays subsahariens. Un système académique bien pensé participerait fortement à l'essor de l'Afrique. À partir de propos, témoignages et de cas vécus, l'auteur met à nu tous les manquements qui handicapent l'émergence de ces pays.
(Harmattan Cameroun, 16.50 euros, 158 p.)
ISBN : 978-2-343-06203-7, ISBN EBOOK : 978-2-336-38133-6

LE CAMÉLÉON ET LA MORT EN AFRIQUE
Eschenlohr Nicole
La question de la mort hante nos esprits rationnels. Pour mieux maîtriser cette angoisse existentielle, les civilisations traditionnelles ont détourné le problème en attribuant une origine à cette mort : pourquoi et comment est-elle apparue ? En réponse à ses interrogations, la mythologie africaine, riche de liens tissés entre les hommes et les animaux, a désigné un responsable qu'elle a placé au cœur de ses récits et légendes : le caméléon. Accusé de lenteur, sa défense repose sur l'inéluctabilité de la mort...
(Coll. Ethnographiques, 14.00 euros, 132 p.,)
ISBN : 978-2-343-05818-4, ISBN EBOOK : 978-2-336-37485-7

APPROCHE CRITIQUE DU DÉVELOPPEMENT EN AFRIQUE SUBSAHARIENNE
Zagre Ambroise
Le sous-développement de l'Afrique subsaharienne constitue une préoccupation majeure pour les pays concernés, la communauté internationale, les milieux intellectuels et la société civile. Cet ouvrage interroge la notion de développement et envisage l'avenir de ce sous-continent vers un nouveau paradigme de développement : l'»auto-développement humain», capacité des sociétés à se développer en comptant d'abord sur leurs forces intérieures, leur capacité de création et leurs potentialités matérielles et spirituelles.
(Coll. Politique et dynamiques religieuses en Afrique, 27.00 euros, 260 p.,)
ISBN : 978-2-343-05939-6, ISBN EBOOK : 978-2-336-37427-7

LA PRÉCARITÉ QUOTIDIENNE EN AFRIQUE DE L'OUEST
Culture et développement
Ernoux Jules - Préface de Michaël Singleton
Cet ouvrage propose des tranches de vie prises sur le vif dans la population, plutôt urbaine, de Côte d'Ivoire, de Guinée et du Niger. À l'issue de 33 séjours

riches de rencontres collectives et individuelles, l'auteur s'interroge : comment vivre au jour le jour dans le manque permanent, seulement soucieux de manger à sa faim, de sauvegarder une santé précaire, de confier ses enfants à des écoles surpeuplées, de vivre dans l'insécurité d'un pays où l'État de droit n'est qu'une illusion ?
(Coll. Écrire l'Afrique, 15.50 euros, 154 p.)
ISBN : 978-2-343-05748-4, ISBN EBOOK : 978-2-336-37417-8

LE MARKETING DE RUE EN AFRIQUE
Mouandjo Lewis Pierre
Cet ouvrage, abondamment illustré d'exemples, se veut un outil pédagogique pour faciliter la compréhension de ce «Marketing de rue» tant développé par ses acteurs en Afrique. Son but est de mettre à la disposition des étudiants et responsables d'entreprises un manuel leur permettant de saisir les opportunités qui leur sont offertes par ce nouveau marché que représente la rue et où se déroulent des pratiques commerciales «agressives» et une concurrence farouche entre les entrepreneurs individuels, les grandes sociétés et les Petites et Moyennes Industries.
(Coll. Études africaines, 44.00 euros, 512 p., Illustré)
ISBN : 978-2-343-05770-5, ISBN EBOOK : 978-2-336-37547-2

L'AGENCE SPATIALE AFRICAINE
Vecteur de développement
Ouedraogo Sékou - Préface de Jean-Loup Chrétien
L'Algérie est en train de finaliser la conception de son premier satellite national ALSAT2B qui devrait être entièrement conçu par ses ingénieurs. Le Nigéria veut envoyer un astronaute dans l'espace avant la fin 2015. Qui peut le croire ? Et pourtant, l'Afrique possède des agences spatiales nationales crédibles et des organisations panafricaines qui travaillent sur le sujet. Pour utiliser efficacement ces applications spatiales au service du développement, l'auteur défend la création d'une Agence Spatiale Africaine.
(Coll. Diplomatie et stratégie, 18.50 euros, 188 p.)
ISBN : 978-2-343-05942-6, ISBN EBOOK : 978-2-336-37375-1

UN CHEF-D'ŒUVRE DES ARTS D'AFRIQUE
La plateau de Fa (golfe du Bénin), collection Christoph Weickmann Ulm, 1659
Biton Marlène-Michèle
Dans cet ouvrage, l'auteur a tenté de mener une enquête sur un plateau de divination provenant des côtes de Guinée, importé il y a 350 ans à destination du cabinet de curiosités d'un marchand d'Ulm, Christoph Weickmann. Il s'agit d'abord de replacer cet objet dans son contexte historique et culturel et de retrouver les conditions de son arrivée en Europe. L'auteur entreprend également une analyse plastique précise ouvrant des perspectives sur les modalités de représentations utilisées et l'accès à une mythologie foisonnante.
(Coll. Ethnoesthétique, 30.00 euros, 290 p.)
ISBN : 978-2-343-04282-4, ISBN EBOOK : 978-2-336-37491-8

DE LA CEAO À L'UEMOA
Ou la genèse d'une intégration sous-régionale réussie
Sawadogo Fatimata - Préface de Cheikhe Hadjibou Soumaré
Cet ouvrage est un solide argumentaire de la trajectoire de l'intégration ouest-africaine. Cette analyse historique sur les principales organisations qui ont précédé la CEAO (Communauté économique de l'Afrique de l'Ouest), se concentre sur les acquis et les insuccès de cette dernière. L'auteur analyse le passage de la CEAO à l'UEMOA (Union économique et monétaire ouest-africaine) pour mieux démontrer les grandes avancées sur le difficile chemin de l'intégration sous-régionale. Elle insiste sur le bilan positif de l'UEMOA eu égard aux nombreuses actions concrètes dans tous les secteurs de la vie socio-économique au profit des populations.
(15.50 euros, 152 p.,)
ISBN : 978-2-343-05985-3, ISBN EBOOK : 978-2-336-37437-6

CHEIKH HAMAHOULLAH – Homme de foi et résistant
L'Islam face à la colonisation française en Afrique de l'ouest
Traoré Alioune
Cheikh Hamahoullah fut l'un des principaux propagateurs du tijânisme en Afrique occidentale. Il mena un combat inlassable pour la liberté et la dignité des peuples d'Afrique pendant la période coloniale. En s'appuyant sur des documents d'archives, la tradition orale africaine et des manuscrits conservés par les fidèles et les adversaires du Cheikh, l'auteur rejette l'image d'un Hamahoullah agitateur sans culture et sans foi, que répandaient complaisamment les rapports des administrateurs coloniaux.
(34.00 euros, 404 p.)
ISBN : 978-2-343-04694-5, ISBN EBOOK : 978-2-336-37070-5

QUELLE AFRIQUE POUR LES JEUNES ?
Lettre ouverte
Barry David
Ce livre est une lettre ouverte d'un panafricaniste convaincu. Il s'adresse aux jeunes, car ce sont eux qui peuvent encore nourrir de grands rêves et qui ont encore la capacité de s'indigner. Le panafricanisme est pour l'auteur la seule voie royale qui permettra aux jeunes de retrouver une certaine cohérence, un sens et surtout de reprendre l'initiative. Cette lettre ne comporte pas de recettes mais propose une démarche en fournissant des repères.
(Harmattan Burkina Faso, Coll. L'Harmattan International Burkina Faso, 16.50 euros, 166 p.,)
ISBN : 978-2-343-06009-5, ISBN EBOOK : 978-2-336-37484-0

L'HARMATTAN ITALIA
Via Degli Artisti 15; 10124 Torino
harmattan.italia@gmail.com

L'HARMATTAN HONGRIE
Könyvesbolt ; Kossuth L. u. 14-16
1053 Budapest

L'HARMATTAN KINSHASA
185, avenue Nyangwe
Commune de Lingwala
Kinshasa, R.D. Congo
(00243) 998697603 ou (00243) 999229662

L'HARMATTAN CONGO
67, av. E. P. Lumumba
Bât. – Congo Pharmacie (Bib. Nat.)
BP2874 Brazzaville
harmattan.congo@yahoo.fr

L'HARMATTAN GUINÉE
Almamya Rue KA 028, en face
du restaurant Le Cèdre
OKB agency BP 3470 Conakry
(00224) 657 20 85 08 / 664 28 91 96
harmattanguinee@yahoo.fr

L'HARMATTAN MALI
Rue 73, Porte 536, Niamakoro,
Cité Unicef, Bamako
Tél. 00 (223) 20205724 / +(223) 76378082
poudiougopaul@yahoo.fr
pp.harmattan@gmail.com

L'HARMATTAN CAMEROUN
BP 11486
Face à la SNI, immeuble Don Bosco
Yaoundé
(00237) 99 76 61 66
harmattancam@yahoo.fr

L'HARMATTAN CÔTE D'IVOIRE
Résidence Karl / cité des arts
Abidjan-Cocody 03 BP 1588 Abidjan 03
(00225) 05 77 87 31
etien_nda@yahoo.fr

L'HARMATTAN BURKINA
Penou Achille Some
Ouagadougou
(+226) 70 26 88 27

L'HARMATTAN SÉNÉGAL
10 VDN en face Mermoz, après le pont de Fann
BP 45034 Dakar Fann
33 825 98 58 / 33 860 9858
senharmattan@gmail.com / senlibraire@gmail.com
www.harmattansenegal.com

L'HARMATTAN BÉNIN
ISOR-BENIN
01 BP 359 COTONOU-RP
Quartier Gbèdjromèdé,
Rue Agbélenco, Lot 1247 I
Tél : 00 229 21 32 53 79
christian_dablaka123@yahoo.fr

Achevé d'imprimer par Corlet Numérique - 14110 Condé-sur-Noireau
N° d'Imprimeur : 129730 - Dépôt légal : juin 2016 - *Imprimé en France*

www.ingramcontent.com/pod-product-compliance
Lightning Source LLC
LaVergne TN
LVHW021219061026
849535LV00008B/2813
* 9 7 8 2 3 4 3 0 9 5 3 7 0 *